흩어지는
목회

일러두기

본문의 성경은 《성경전서 개역개정판》(대한성서공회)을 주로 사용하였습니다.

흩어지는 목회

최상태

국제제자훈련원

목회란 무엇인가? 이 책은 여기에 대한 뜨거운 피가 흐르는 체험적 대답을 하고 있습니다. 수많은 신학도가 사명감을 가지고 공부하지만, 목회 현장의 장벽을 넘지 못하는 경우가 적지 않습니다. 목회자와 사명자는 같지만, 또 다릅니다. 사명자는 가슴에 뜨거운 불을 가지고 좌고우면 없이 직진하면 되지만, 목회자는 사명감과 더불어 성도들의 삶의 애환으로 점철되어야 합니다. 이번에 출간된《흩어지는 목회》의 각 페이지마다 성도들과 함께 울고 웃는 최상태 목사님의 성육신적 목회의 진액이 흐르고 있습니다.

이 책은 대담한 책입니다. 하나님이 원하시는 선교 목회, 목양 목회를 위해 목회적 편견을 담대히 뛰어넘어, 창조적이며 더 많은 생명을 얻는 목회적 꿈을 펼치고 있습니다. 자기만의 목회가 아닌 하나님의 목회를 이루기 위해 자신을 내려놓는 어려운 목회, 그러나 결국은 하나님이 승리하시는 전심전력의 목회의 모범을 보여주고 있습니다.

최상태 목사님의《흩어지는 목회》를 신학도들의 목회 입문서이자, 목회 현장에 있는 사역자들에게 새로운 통찰로 목회의 문을 여는 필독서로 기쁘게 추천합니다.

－ 오정현 목사(사랑의교회)

최상태 목사님은 제자훈련을 비롯해서 한국 교회에 처음으로 가정교회를 실천하며 많은 목회자들에게 선한 영향력을 행사해오고 계신다. 책 제목대로 최 목사님은 '흩어지는 목회'를 지향해오셨다. 여덟 번에 걸친 분립개척, 마지막에는 담임목사였던 본인이 직접 분리해 나가서 흩어진 화평교회를 세우고 목양하고 계신다. 나를 비롯해서 거의 모든 목회자는 끌어모으는 목회를 한다. 그런데 최 목사님은 반대로 흩어지는 목회를 평생 강조하며 직접 실천하셨다.

본서는 신학 이론서가 아니라 목회 현장 실천 이야기이다. 우스운 이야기로, 오늘의 신학대학원에서는 목회를 가르치지 않고 이론만 가르친다. 현장 이야기가 없다. 신대원을 졸업하고도 어떻게 사역할지를 모른다.

본서는 현 목회자들과 목회 지망생들에게 아주 유익한 목회 현장 사역 이야기를 들려준다. 정말 필요하고 중요한 경험을 나누는 유익한 저서이다.

- **김경원 목사**(서현교회 원로목사, 실천신학대학원대학교 이사장)

책과 저자는 하나입니다. 그것은 잉태된 아이를 출산한 어머니가 아기와 하나인 것과 같습니다.

본서 《흩어지는 목회》의 저자이신 최상태 목사님은 우리 시대의 걸어다니는 제자로 알려져 있습니다. 목사님은 제자훈련과 가정교회 소그룹, 그리고 흩어지는 선교지향적 사역을 한결같이 실천해 오셨습니다.

본서에서 독자 모두는 예외 없이 전통적인 목회와 새로운 패러다임 목회를 동시적으로 경험할 것입니다. 강철같이 견고한 교회론에 바탕한 목회가 무엇인지를 잠잠하게 보여줄 것입니다. 동시에 목회의 현장이 혁신적으로 변화되는 것을 목격하게 될 것입니다.

역시 본서의 휘날레는 자랑스러운 목회 동역자들의 감사와 긍지로 수놓고 있습니다. 진정 목회는 수직적으로 하나님과의 만남과 수평적으로 동역자들과의 섭리적 만남이 핵심인 것 같습니다.

천생 목회자의 야전교범처럼 쓰임 받으신 최상태 목사님께서 목회 현장 중심의 본서를 출판하여 우리의 손에 들리게 되었다는 사실이야말로 한국교회 목회자를 향하신 하나님의 놀라운 선물이라 확신합니다.

— 오정호 목사(새로남교회, CAL-NET 이사장, 예장합동 총회장)

이 책은 제가 만난 최고의 목회 매뉴얼입니다. 하나님의 뜻을 철저히 따르는 최상태 목사님과 사모님의 치열한 목회 과정을 생생하게 볼 수 있기 때문입니다. 단 세 명의 멤버로 개척하여 교회가 성장하며 여러 분립개척교회를 세우더니, 마침내 설립목사님(founding pastor)이 출석 성도 2천여 명을 뒤로하고 스스로 분립개척한 과정을 담은 책입니다.

이 책에는 목회의 본질이 힘차게 약동하고 있습니다. 성경적 목회 본질을 알 뿐만 아니라, 온몸으로 실천한 기록이기 때문입니다. 연약한 인생인 목회자가 하나님 뜻에 순종하기 위해 자신을 십자가에 못박는 치열한 과정이 여기에 담겨 있습니다. 이 책은 때론 실망하고 낙심하지만, 성경 말씀을 묵상하며 엎드려 기도하다가 들려주시는 하나님의 말씀에 철저히 순종함으로써 마침내 승리한 과정을 기록하고 있습니다.

이 책을 읽는다면, 목회가 무엇이고, 어떻게 목회하며, 어떻게 후회 없는 목회자로 하나님과 성도 앞에 남을 수 있는지를 배울 수 있습니다. 그러므로 목회를 지망하는 모든 신학생, 담임목회(개척 또는 부임)를 준비하는 모든 부목사님, 그리고 목회하다가 방향을 잃은 모든 목회자, 목회자인 남편을 잘 돕고 싶은 사모님들에게 꼭 추천하고 싶은 책입니다. 이 책을 목회 매뉴얼 삼아 읽고 실천한다면, 목사님 내외분의 목회는 하나님께 영광을 돌리는 목회, 열매 맺는 목회, 후회 없는 목회가 될 것입니다!

— 박성규 목사(총신대학교 총장)

제자훈련(36년), 가정교회 소그룹(26년), 흩어지는 선교지향적 사역(16년)을 목회의 본질로 삼고 지금까지 열심히 달려왔습니다. 이 책의 내용들은 저의 37년 목회 사역의 간증이요 고백입니다.

'다시 목회해도 지금처럼 할 것 같다'로 정리할 수 있는 저의 평생 목회 사역에 하나님께서 부어주신 한없는 은혜들을 정리한 목회 이력서입니다. 또한 개척해서 37년간 성도들과 희로애락을 겪으면서 영광스런 하나님 나라의 역사를 함께 이루어 낸 우리 화평공동체의 간증서이기도 합니다. '이렇게 목회했더니 교회가 건강하고 부흥하더라', '목회자인 내가 행복하더라', '성경에서 말하는 교회가 되더라', '그게 바로 주님이 기뻐하시는 참 교회인 것 같다' 하고 느낀 것들입니다.

그리하여 바른 목회를 갈망하며 본질의 목회를 고민하는 목회자들에게 조금이나마 도움이 되고, 그들의 목회 사역의 길잡이가 되면 좋겠다 소망하며 이 책을 내놓게 되었습니다.

I부 "목회가 무엇인가?"에서는 특별히 새로운 것이라기보다는, 성경이 말씀하는 것과 훌륭한 선배들로부터 보고 듣고 배운 목회 원리들을 나의 목회 현장과 시대적 상황에 맞추어 적용해서 얻은 것들을 정리하였습니다.

Ⅱ부 "흩어진 교회 이야기"에서는 여덟 번의 '흩어지는교회'를 하면서, 그리고 내가 직접 흩어지는교회로 분립개척을 하기로 결단하고 준비하며 아홉 번째 흩어지는교회를 세우는 과정과 개척하자마자 맞은 코로나 팬데믹 가운데의 사역에서 얻은 복과 은혜들을 나누었습니다. 그리고 마지막으로 은퇴 후에 전념할 PTC(Pastoral Training Center) 사역 Vision을 실었습니다.

Ⅲ부 "형제교회 동역자들 이야기"에서는 화평교회에서 함께 사역했던 형제교회 동역자들의 이야기를 담았습니다.

이 책이 나오기까지 가장 많이 애써준 평생 목회의 조력자인 사랑하는 아내에게 그리고 화평교회, 흩어진화평교회 평신도사역자들과 형제교회 동역자들에게 감사드립니다. 바쁜 교회 사역 중 틈틈이 원고 내용을 타이핑해 준 김영원 전도사님과 삽화로 책의 품격을 높여주고 이해를 도운 양선아 집사님께 깊이 감사하고 싶습니다. 또 책 발간에 깊은 관심과 사랑을 주신 국제제자훈련원 대표 박주성 목사님께 감사드립니다.

부족하지만 이 책이 한국 교회와 세계 교회 목회자들에게 목회의 안내서로 쓰임 받아 이 땅에 주님이 기뻐하시는 교회들이 많이 탄생되기를 소망합니다.

2024년 8월

최성태

I 부. 목회가 무엇인가?

II부. 흩어진 교회 이야기

III부. 형제교회 동역자들 이야기

I부

목회가
무엇인가?

이 길!
가지 말아야 할 사람, 가야 할 사람

가지 말아야 할 사람

수년 전 고국에 돌아온 신학교 친구 선교사와 교제의 시간을 잠간 보내면서 한 말이 생각난다. "선교지에서 30년 이상 선교 사역을 하면서 힘들었던 것 중 하나가 사람이었다." 선교사로 오지 말아야 할 사람이 선교지에 와서 오히려 하나님 나라 건설에 장애가 되는 경우가 적어도 50퍼센트 이상 되는 것 같다고 말했다. 이어서 "한국 교회 목회자 중에 목사 되지 말아야 할 사람이 목사가 되어 목회한다고 하는 사람이 얼마쯤 될 것 같으냐"라고 내게 질문했다. 한참 생각하다가 선교사가 되지 말아야 할 사람이 선교사가 된 경우보다 훨씬 더 많은 것 같다고 말한 적이 있다.

훌륭한 목회자로서 교회를 건강하게 세워나가는 분들도 많이 있지만, 정말 목사가 되지 말아야 할 사람이 목회자가 되어 하나님 나라 건설과 구현에 막대한 지장을 주며, 교회에 대한 신뢰성을 땅에 떨어뜨리고 있는 경우가 많은 것이 현실이다. 목회자들의 윤리성, 거룩성과 관련된 비리가 각종 매체에서 봇물 터지듯 쉴 새 없이 보도되고 있다. 정말이지 창피하고 부끄러워 목사란 신분을 숨기고 싶은 때도 많다.

나는 목회자의 길을 가려고 하는 후배 동역자들이나 가르치는 신학생들에게 가끔 이런 이야기를 한다. "목회자의 길을 할 수만 있으면 가지 마라!" 내가 이 길을 여러분보다 먼저 가보니 섣불리 갈 길이 아니더라, 할 수만 있으면 모세처럼 피해 보는 것도 지혜로운 일이 될 수 있다고 말하기도 한다. 나에게는 장성한 두 아들이 있는데, 아직 목회자나 선교사가 되겠다고 말하는 자식이 없어서 천만다행이라는 인간적인 생각을 할 때도 있다.

그렇지만 나는 다시 태어나도 꼭 목회자의 길을 가고 싶다. 목회자의 길이 쉽고 편안해서가 아니다. 너무 힘들고 곤고하며, 외롭고 험난한 가시밭길이지만, 무엇보다도 하나님 나라와 주님의 영광과 복음을 위해 살기에 최고 좋은 환경이어서 그렇다.

목회자로서 기본 성품이나 역량, 그리고 신뢰성이 준비되지 않은 사람이 목회자가 될 때, 교회와 많은 성도들에게 덕이 되지 않고 오히려 상처와 아픔을 주게 된다. 더 나아가 하나님 나라를 증시해야 할 교회가 세상으로부터 지탄을 받게 됨으로써 하나님의 영광을 가리게 되는 것이다.

이런 사람은 목회자의 길, 가지 않았으면 좋겠다.

- ☑ 지나치게 돈을 좋아하고 물질에 집중하는 사람
- ☑ 명예나 권세, 세상 쾌락을 사랑하는 사람
- ☑ 자기 관리가 안 되는 사람
- ☑ 이런 일, 저런 일, 무슨 일을 해도 잘 안 되는 사람
- ☑ 사람들이 따르지도 않고 자신도 사람들과 관계하는 것을 좋아하지 않는 사람
- ☑ 정직, 진실, 거룩, 근면 등과 거리가 먼 사람
- ☑ 목회에 대한 소명의식과 사명감이 없는 사람

가야 할 사람

어느 날 친구 목사로부터 전화가 걸려왔다. 미국의 유수 대학교와 대학원에서 공부한 아들이 신학교에 가서 목회자가 되겠다고 하니 걱정이 된다며 내가 좀 만류해달라는 내용이었다. 그래서 나는 "신학교에 못 가게 하는 것은 내가 자신 있으니 나한테 보내!"라고 했다. 한강 근처의 한 음식점에서 친구 목사의 아들을 만나 세 시간 가까이 교제하며, 신학교에 가서는 안 되는 이유에 대하여 소극적 측면으로 이야기해주었다. 그리고 마지막에 그에게 물었다. "그래도 신학교 가고 싶으냐? 내 얘기를 듣고 몇 퍼센트 정도 신학교에 가고 싶으냐?" 나는 속

으로 60퍼센트 이상은 안 될 것이라고 생각했다. 한참 생각한 후에 친구의 아들은 적어도 90퍼센트 이상으로 목회자가 되어 하나님께 자신을 드리고 싶다고 대답했다. 즉시 나는 그에게 "그래! 너 같은 사람이 신학교 가서 목회자가 되어야 한다. 이것저것 다 해봤는데 안 되어서 목회자가 되겠다는 사람, 무능하고 사명감 없는 사람이 가서는 안 되지." 친구의 아들에게 "고맙다" 하며 손을 잡고 기도해주었다. 그리고는 친구에게 바로 전화해서 주님 나라 위해서 살려고 하는 귀한 아들을 주신 하나님께 감사해야겠다는 말을 해주었다. 험난한 길인 것을 알면서도, 세상적으로 얼마든지 잘나갈 수 있는데도 불구하고 사명 때문에 가려는 사람이 목회자가 되어야 한다.

목회자의 길을 가야 할 사람은 주님을 만나 구원 받은 자로서, 그 영광과 복음을 위해, 남을 위해, 이웃을 위해 삶을 송두리째 드리고 싶은 사람, 세상의 모든 가치들을 분토와 같이 버리고(빌 3:8) 자신의 생을 주님께 드리고 싶은 사람이어야 한다. 그렇게 살고 싶은 사람에게는 목회자의 길이 최고이며 정말 가볼 만한 길이라고 강력히 추천하고 싶다. 고난 속에서도 주님이 주시는 영광을 체험하고, 외로움 속에서도 주님이 주시는 위로와 함께하심을 충만히 경험하며 살고 싶은 사람에게 최고 좋은 길이 목회자의 길이라고 말하고 싶다.

"우리가 주목하는 것은 보이는 것이 아니요 보이지 않는 것이니 보이는 것은 잠깐이요 보이지 않는 것은 영원함이라." – 고후 4:18

©양선아

흩어지는 목회

부교역자들에게
당부하고 싶은 말

생명의 주님을 만나고 나서 그 나라, 그 영광, 그 뜻을 위해 살고 싶어 신학을 공부하고 목회자의 길을 걸어가는 데 있어 첫 관문은 담임목회자와 교회를 잘 만나는 것이다. 이 일은 수년간 신학을 공부한 것에 비할 데 없이 더 크고 중요하고 가치가 있다는 것을 꼭 마음에 두어야 한다. 우리 주변에서 훌륭하게 목회하는 분들과 건강한 교회를 세워가는 목회자들을 보면 대부분 부교역자 시절에 훌륭한 목회자 옆에서 보좌하며 동역했던 분들이었음을 쉽게 발견할 수가 있다.

　간혹, 나는 남 밑에서 일 못 한다, 나는 부목사 체질이 아니고 담임목사 체질이기에 부교역자 생활은 못한다 하며 신학교를 졸업 하자마자 바로 담임목회자의 길로 가는 사람들을 본다. 특별한 경우를 제외하고, 나는 이러한 선택에 대해서 긍정적이지 않게 생각한다. 왜냐하면 목회는 관계고 섬김이며 훈련인데, 이런 것을 실습할 과정을 무시하고 목회전선에 뛰어들면, 사역하면서 여러 가지 갈등과 문제가 발생될 때 한계에 부딪혀 좌절하게 될 수 있기 때문이다. 이런 일은 기도한다고 즉시 해결되는 것이 아니다. 목회는 종합 예술이며, 통합적 리더십을 발휘해야 하는 영역이다. 부교역자 생활에서 다양한 사역을 경험하며 목회를 터득하고 인격이 다듬어진 후에라야 훌륭한 목회자로서 건강한 교회를 세울 수 있는 것이다.

부족한 내가 건강한 본질의 목회, 건강한 공동체를 이루어 지금까지 큰일 없이 목회를 할 수 있었던 것은 내 자신이 능력이 많거나 공부를 많이 해서가 아니다. 첫째는 부교역자 때 훌륭한 목회자를 만나 건강한 교회에서 목회 훈련을 받았기 때문이고, 둘째는 담임목사 때 신실한 부교역자(동역자)들을 만났기 때문이다. 나에게는 부족하고 연약한 부분이 많았는데 부교역자들이 너무 잘 사역해주고 보완해주어 행복한 목회로 건강한 교회를 세워갈 수 있었다. 또한 동역했던 귀한 부교역자들이 화평교회에서 배우고 터득한 것들을 바탕으로 각자의 목회 현장에 나가서 건강한 교회를 이루며 사역하는 것을 보면서 큰 보람과 기쁨을 누리고 있다.

담임목회자의 길로 가는 과정 속에서 부교역자 생활이 평생 목회에 아주 큰 영향을 주는 초석이 된다는 사실을 잊지 말고 목회 훈련을 소홀히 하지 않는 것이 현명한 일이다.

부교역자(동역자)로서 가져야 할 기본 자세와 태도

☑ 섬길 교회를 선택할 때, 교회 크기에 우선순위를 두지 말고 목회를 배울 수 있는 목회자를 선택하라.

☑ 바른 목회, 본질의 목회(나는 그것을 제자훈련과 소그룹 목회라고 본다)에 대한 비전과 열망을 갖고 준비하라.

☑ 담임목회자를 잘 보좌하여 동역하는 것이 부교역자의 첫째 사명임을 잊지 마라.

☑ 담임목회자의 목회 철학과 교회 비전을 확고히 터득하고 공유하라.

☑ 목회를 배우고 가르치고 실천(적용)하는 일에 최선을 다하며 자신의 역량을 키우라.

☑ 교회 내 다양한 부서와 기관에서 사역을 경험하면서 목회를 대비하라.

☑ 담임목회자뿐 아니라 성도들과도 깊은 신뢰 관계를 형성하라.

☑ 부교역자 시절 중에 사역 속에서 풍성한 열매, 부흥을 경험하라. (그것이 후일에 목회의 밑거름이 된다)

☑ 담임목회자와 성도간에 갈등이나 분쟁이 있을 시 화평케 하는 자가 되라. 만약 가능성이 없다면 사역지를 옮기라.

☑ 담임목회자와의 신뢰 관계를 끝까지 잘 유지하며 증대시

키라. 부교역자 시절에 동역했던 담임목사, 섬겼던 교회와의 관계는 평생의 목회에 깊은 영향을 준다는 사실을 기억하라.

하나님께서는 준비된 자를
쓰시지 않은 적이 없다!

100퍼센트
하나님의 은혜지요

내가 목회의 멘토로 생각하고 존경하는 분이 삼십 대 때 젊은 나이에 대형교회 담임목사로 부임했다. 부임 전부터 어려움은 예상했지만 생각했던 것 이상으로 목회가 힘들었다. 고민 끝에 평상시 존경하는 서울 시내에서 모 교회를 시무하고 있는 선배 목사님을 찾아가서 상담을 했다. "현재 목회가 힘듭니다. 목사님은 제가 시무하는 교회보다도 훨씬 규모가 있는데 어떻게 그렇게 목회를 훌륭하게 잘 하시는지요? 그 비결이 무엇입니까?"라고 질문하자, 그 목사님은 여러 말씀 안 하시고 "하나님의 은혜지요"라는 말만 하셨다. 그러자 속으로 '그걸 누가 모르나. 다 알지만 더 구체적인 확실한 답을 얻고 싶어 찾아온 거지' 하며 아쉬운 마음을 가지고 집으로 돌아왔다. 그 후 하나님의 은혜로 교회가 건강하고 크게 성장하게 되었고, 목사님은 한국 교회와 교계에서 존경 받게 되었다. 많은 목회자들이 찾아와 "목사님은 어떻게 목회 사역도 훌륭하게 하시고, 한국 교회와 교계를 위해서도 큰일을 감당하십니까?"라고 질문하자, 목사님은 담임목회 초년병 시절, 찾아가 상담했던 그 목사님이 하신 말씀과 똑같이 "하나님의 은혜지요"라는 말만 하셨다.

나도 마찬가지다. 하나님의 전적인 도우심과 은혜로, 개척 초기부터 오늘에 이르기까지 제자훈련과 가정교회 소그룹으로 화평교회와 한국 교회, 그리고 세계 각처에 퍼져 있는 선교지 교회들과 선교사들을 섬기고 지도하는 사역을 감당해왔다. 그로 인해 많은 선교사, 목회자, 신학생들에게서 목회에 대한 상담 요청과 질문을 받는데, 그중에 가장 많이 하는 질문은 "어떻게 목사님은 건강하고 본질에 충실한 목회를 하실 수가 있었습니까?"이다. 그런 질문을 받으면 상당히 부담스럽기도 하지만, 나 또한 이 말 밖에는 할 말이 없다. "100퍼센트 하나님의 은혜지요."

이 표현은 그냥 하는 말이 아니다. "여호와께서 내게 도움이 되시지 아니하셨더면 벌써 적막 중에 처하였으리로다"(시편 94:17, 개역한글)라는 시인의 고백에 전적으로 동감해서 나온 말이다.

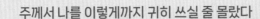

주께서 나를 이렇게까지 귀히 쓰실 줄 몰랐다

- ☑ 주님을 만나 구원 받은 나에게 주를 위해 살 수 있는 최고의 환경인 목회자로, 이렇게까지 귀히 사용해주실 줄 몰랐다.

- ☑ 신실한 동역자들을 이렇게 많이 붙여주실 줄 몰랐다.

- ☑ 질적, 양적으로 크게 부흥하여 이렇게까지 건강한 공동체를 이루게 될 줄 몰랐다.

- ☑ 평생 목회의 본질인 제자훈련 사역과 가정교회를 함으로써 한국 교회와 세계 각 현지교회와 선교사들을 가르치고 섬길 줄 몰랐다.

- ☑ 학문(이론)과 현장(실제)을 갖추어 균형 있는 목회 사역으로 풍성한 열매를 얻어 한국 교회를 섬길 줄 몰랐다.

- ☑ 목회자, 교수가 되고 책을 집필하여 목회자와 신학생들을 가르치며, 목회에 도움 되는 사역까지 할 줄 몰랐다.

- ☑ 세계 곳곳에 수많은 선교사를 파송하고 협력하며, 그 선교현장에 가서 세미나·강의 등으로 건강한 세계 교회를 세우는 일에 귀히 쓰임 받게 될 줄 몰랐다.

- ☑ 열 개의 흩어진 교회를 분립개척할 줄 몰랐다.

- ☑ 이렇게 넓은 땅과 교회당과 공간이 있는 좋은 환경에서 목회 사역 할 줄은 몰랐다.

모든 것이 주의 은혜이다

나의 목회 여정을 돌아보며 고백하는 수동형의 문구들이 있다. '주님의 사랑이 나를 강권하시다', '주님의 은총의 포로가 되다', '성령의 매임을 받다'. 주께서 부족한 나를 지금까지 그렇게 다루어 오셨다. 하나님의 전적인 은혜로 목회했다. "내가 나 된 것은 하나님의 은혜로 된 것이니 … 내가 모든 사도보다 더 많이 수고하였으나 내가 한 것이 아니요 오직 나와 함께하신 하나님의 은혜로라"(고전 15:10)라는 바울의 말이 날마다 나의 고백이 되었다. 목회가 전적으로 하나님의 은혜로 하는 것이기에 '은혜에는 사명이 있음'을 잊지 말아야 한다!

"내게 주신 모든 은혜를 내가 여호와께 무엇으로 보답할까." _시 116:12

주님의 그 큰 은혜, 사랑, 복을 받은 자로서 주께서 힘주시는 대로, 천국으로 부르시는 순간까지 주신 축복들을 한국 교회와 세계 교회 목회자들과 선교사들에게 흘려보내는 일에 힘을 다하여 집중하고 싶다. 목회를 수십 년간 하면서 뼈저리게 느끼는 것은 '목회는 내 힘, 내 지혜, 경험으로 하는 것이 아니고 하나님의 은혜로 한다'는 것이다.

내 평생 살아온 길 뒤돌아보니

짧은 내 인생길 오직 주의 은혜라

주의 은혜라 주의 은혜라

내 평생 살아온 길

주의 은혜라 주의 은혜라

다함이 없는 사랑

달려갈 길 모두 마친 후

주 얼굴 볼 때 나는 공로 전혀 없도다

오직 주의 은혜라

- '주의 은혜라' 손경민

본질에
목회를 걸라

한국 교회는 본질적인 것을 외면한 채 비본질적이고 지엽적인 것에 집중한 결과, 상당한 위기를 맞고 있다. 한국 교회 안에는 물질주의, 세속주의, 신비주의, 인본주의가 판치고 있다. 목적을 위해서 수단과 방법을 가리지 않는다. 안타깝게도 교회가 세상과 비슷해져가고 있다. 교회가 세상을 변화시키지 못하니 세상이 교회를 변질시키며 오히려 교회를 걱정하는 게 오늘의 현실이다. 그 결과로 한국 교회는 지금 중병을 앓고 있다. 마치 이단들같이 사역이나 삶이 극단적이고 비윤리적이며, 거룩성이라고는 전혀 찾아볼 수 없고, 교인들은 종교에 중독된 사람들처럼 보인다. 이러한 현상은 코로나 팬데믹 이전보다 이후에 더욱 더 가속화 되어가고 있다. 어느 때는 무슬림 지역에서 목회하는 것처럼 느껴지기도 한다. 사사시대나 중세시대 때보다 더 부패하고 타락해가고 있는 듯하다. 중세 로마 가톨릭과 한국 교회가 닮은꼴이 많음을 쉽게 찾아볼 수 있다.

이러한 상황 속에서 한국 교회는 본질로 돌아와야 한다. 성경으로 돌아와 성경이 가르치는 원리와 정신을 가지고, 주님이 원하시는 교회, 세상의 필요를 채워주는 교회를 세워 나가야 한다.

기독교 미래학자인 레너드 스윗(Leonard Sweet) 박사는 "영국 교회는 박물관 교회가 되어 버렸고, 미국 교회는 박물관 교회로 전락해 가고 있으며, 한국 교회는 그 정도의 상황은 아니지만 상당한 위기를 맞고 있다"라는 의미심장한 말을 했다. 교회론의 부재로, 교회가 무엇인지에 대한 지도자들의 무지로 교회가 사명을 잃어가고 있다.

신학자 에밀 브루너(Emil Brunner)는 그의 저서 《교회의 오해》라는 책에서 많은 사람들이 교회를 네 가지로 오해하고 있다고 지적했다. 교회를 학교로, 친교 나누는 곳으로, 자선단체로, 사회개혁을 주도하는 단체로 오해하고 있다는 것이다. 이런 일들은 교회의 본질적인 사역들이 아니라, 본질적인 일들을 이루기 위한 수단이다.

미국 상원의 원목으로 활동한 리처드 헬버슨(Richard C. Halverson) 목사는 "기독교는 팔레스타인에서 교제로 시작되었고, 그리스로 옮기면서 하나의 철학이 되었으며, 거기에서 로마로 옮기면서 하나의 제도가 되었고, 그 후 유럽으로 가면서 하나의 기업이 되었다. 기업화된 기독교가 한국에 들어와 유교의 권위주의적이고 업적 중심적인 한국 문화에 동화됨으로써 적지 않은 부작용을 낳고 있다"라고 지적하였다.

이러한 결과로 오늘날 한국 교회가 비본질화 되어가고 있다. 교회가 해야 할 본래의 사명을 망각하고 비본질적인 것에 집중하며 변질되어가고 있다는 말이다. 성경적인 원리대로 목회해 나가는 일은 교회당을 짓는 것보다, 교인 수를 늘리는 것보다도 더 힘든 일임을 목회 현장에서 쉽게 경험할 수 있다. 이러한 시대 상황 속에서 목회자는 개혁적인 몸부림으로 본질에 충실하며 본질에 목회를 걸어야 함이 마땅하지 않은가!

오늘날 신학생들이나 목회자들이 수적 성장이나 교회당 건축, 풍부한 교회 재정, 대형교회의 위임목사가 되는 것 등을 목회의 본질로 여기며 이를 목표로 삼고 나아가는 것을 흔히 볼 수 있다. 그러나 이러한 것들은 추구함으로 얻어지는 것이 아니라 본질에 충실한 목회를 할 때 자연스럽게 따라오는 것이다. 혹 그렇지 않더라도 우리는 본질에 충실한 목회를 해야 한다.

나는 평생을 목회하면서 건물이나 성도 수, 예산에 목표를 두고 목회하지 않은 것에 감사한다. 부족하지만 본질에 충실하려고, 즉 성경의 원리와 방법에 따라 목회하려고 몸부림쳐왔다. 그 결과 구하지 아니한 좋은 건물, 많은 성도, 부족함 없는 예산의 복을 얻었다. 본질의 목회에 충실할 때 필요하다면 주께서 지혜도 사람도 건물도 넉넉한 예산도 주시는 것이다. 목회자가 감당할 수 있는 준비만 되어 있다면, 주께서 그의 사랑하는 양떼들을 보내주심으로 교회가 크게 부흥할 수 있다는 것을 경험했다.

본질이 무엇인가?

본질적인 것은 무엇이고, 비본질적인 것은 무엇을 의미하는가? 유진 피터슨(Eugene H. Peterson)은 "진정한 영성과 힐링은 본질로 돌아가는 것이다"라고 말했다. 다종교 사회 속에서도 '예수 그리스도 외에는 구원의 길이 없다'는 사실만큼은 한 치도 양보할 수 없다. 다른 이로써는 구원을 받을 수 없다고 확실하게 선을 그어야 한다. 예수 그리스도의 구원의 유일성은 기독교 정체성의 핵심이다.

기독교 본질의 핵심은 예수 그리스도이다. 삼위일체 하나님과 변하지 않는 성경 말씀이 본질이다. 성경이 가르치는 핵심 원리와 정신이자 영원한 가치들, 즉 하나님 사랑, 이웃 사랑, 사람 세우는 제자훈련, 공동체성을 지향하는 소그룹 사역, 지상명령이나 문화명령 등은 본질의 목회의 최고 전략이다.

비본질적이라 함은 본질적인 것이 아닌, 지엽적이고 일시적이며 형식적인 것들을 의미한다. 예수님 당시에 바리새인과 서기관들은 전통과 형식, 법조문들을 가지고 예수님과 제자들을 정죄하고 비판했다. 율법의 정신이나 취지와 목적은 전혀 생각하지 않고, 겉치레와 껍데기만 가지고 중상모략하며 괴롭힌 것이다. 그들은 인간이 만든 제도나 전통을 하나님의 말씀보다 더 위에 두고, 하나님과 율법의 이름으로 온갖 범죄를 저질렀다. 율법을 자신에게 적용하는 데는 관심 없고, 율법으로 다른 사람을 비난하고 정죄하기에만 급급하였다.

오늘날 한국 교회 안에도 바리새인과 서기관 같은 종교지도자들이

나 교권주의자들이 많다. 성경의 원리와 방법대로 목회하지 않고, 인간이 만든 제도나 전통, 그리고 시대적 상황에 따라 일시적인 필요에 의해 만든 법들을 하나님의 말씀보다 더 위에 두고 더 크게 생각하며 행동하는 현상들이 심각하다. 경건의 모양은 있으나 내용이 없고 능력이 없는 것이다.

그러므로 본질적인 목회 사역에 주력한다는 의미는 첫째, 성경에 근거한 사역에 집중하며 성경의 원리와 방법대로 목회한다는 것이다. 둘째, 성도들이 세속적인 가치관을 버리고 하나님 나라 가치관으로 살아가도록 목회하는 것이다. 셋째, 예수께서 보여주신 방법대로 양떼들을 가르치고 사랑하며, 섬기고 돌보는 목회에 주력하는 것이다. 넷째, 바울처럼 주님이 피흘려 사신 공동체를 위해 희생하며, 주님이 주신 지체들과 고와 낙을 같이하는 삶으로 목회를 한다는 것이다. 다섯째, 초대교회처럼 모이는 교회(부름받은 교회)에서 흩어지는 교회(보냄을 받은 교회)로서 밖으로 나아가 세상 속에서 영향력을 발휘하는 공동체를 세우는 것이다. 무엇보다도 본질적인 목회로서 최고의 전략은 제자훈련 목회, 가정교회 소그룹 목회, 선교지향적인 목회라고 강조하고 싶다.

제4차 산업혁명 시대, AI가 지배하는 변화의 시대에도 본질은 변하지 않는다. "본질에 목회를 걸라." 이것이 평생의 목회 인생에서 내가 얻은 결론이다.

"너희는 먼저 그의 나라와 그의 의를 구하라 그리하면 이 모든 것을 너희에게 더하시리라." _마 6:33

©양선아

한 사람
목회 철학

한 사람 목회

'한 사람 목회 철학' 하면, 1994년 8월 옥한흠 목사님으로부터 한 통의 편지를 받은 날이 생각난다. 일본 선교지 방문을 마친 후 교회에 들어서면서 편지함을 열어봤는데 친필로 쓰신 옥 목사님의 편지가 와있는 것을 보고 깜짝 놀랐다. 즉시 뜯어 읽어보니 칭찬과 충고와 격려의 내용이었다. 나중에 알고 보니 제자훈련을 훌륭히 잘 한다는 기사를 〈목회와 신학〉에서 읽으시고 부족한 나에게 편지를 보내신 것이었다.

내편에서는 옥 목사님을 오래 전부터 알고 존경해 왔지만 옥 목사님은 나를 알지도 못하셨는데, 초대형교회 담임목회자로, 또 제자훈련 목회의 대가로서 한 작은 개척교회의 젊은 목사에게 그 바쁘신 분이 시간을 내어 친필로 정성껏 편지를 보내주셨다는 것을 생각하니 너무 놀랍고 영광이라는 생각이 들었다. 그러고는 "이것이 바로 제자 훈련이구나!" 하는 깨달음을 얻었다. 나는 즉시 그 자리에서 편지를 앞에 놓고 무릎을 꿇고 하나님께 기도했다. "하나님 아버지, 나도 앞으로 옥한흠 목사님처럼 한 사람 한 사람에게 관심을 갖고 제자훈련 하는 목사가 되게 하옵소서."

그 이후 나는 제자훈련에 더욱 매진하며 제자훈련에 내 목회 인생을 걸고 지금까지 '한 사람 제자훈련 목회 철학'을 가지고 변함없이 달려왔다. 그 결과로 풍성한 열매를 맺어 한국 교회와 지도자들을 섬기게 되었다.

옥한흠 목사님은 수많은 목회자와 성도들을 상대하시는 분인데도, 모처럼 CAL-NET 전체모임에서 만나면 개인적으로 제자훈련 상황이나 교회 형편을 상세히 물어보셨다. 또 교회당 입당 시나 논문을 썼을 때, 책을 발간했을 때는 꼭 개인적으로 전화를 주셔서 축하와 격려를 아끼지 않으셨다. 그럴 때마다 제자훈련 목회에 힘이 생겼고, 나도 옥 목사님처럼 한 사람 한 사람을 귀히 여기는 제자훈련 목회에 집중해야겠다고 굳게 다짐했다.

그 영향과 감동 때문인지 지금까지도 나는 성도 한 사람 한 사람을 잘 섬기며 잘 돌보려는 몸부림으로, 두 가지 캐치프레이즈를 가지고 자신을 채근한다.

"나는 한 사람 목회하듯 목회한다."

"나는 개척교회 목회자다."

'한 사람 목회 철학'이란 무엇인가?

☑ 한 사람에게만 온통 관심과 정성을 쏟고 그 외의 모든 사람에게는 무관심한 것이 아니다.

☑ 한 사람에게 사랑과 헌신을 아끼지 않듯이 다른 사람 모두에게도 똑같은 자세와 태도를 가지고 관계하는 것이다.

☑ 한 사람을 양육하고 훈련할 때 주님께 하듯이 귀하게 여기며 돌보는 것이다.

☑ 한 사람 한 사람을 예수님 닮은 온전한 주님의 제자로 세워 예수님처럼 살고, 예수님을 위해 생명까지도 아끼지 않는 사람이 되게 하는 것이다.

☑ 한 사람 철학은 바른 목회, 본질의 목회, 교회를 교회 되게, 성도를 성도 되게 하는 것이다.

☑ 교회를 건물이나 제도로 여기고 규모나 숫자를 키우는 것을 목회의 성공이라고 여기는 것이 아니다.

☑ 성도 한 사람 한 사람을 교회 자체로 보고 주님의 몸으로서 온전한 공동체를 세우는 것이다.

☑ 예수님이 성경에서 가르쳐주시고 몸소 행해 본을 보이신 원리와 방법대로 목회하는 것이 한 사람 목회 철학이다.

"우리가 그를 전파하여 각 사람을 권하고 모든 지혜로 각 사람을 가르침은 각 사람을 그리스도 안에서 완전한 자로 세우려 함이니 이를 위하여 나도 내 속에서 능력으로 역사하시는 이의 역사를 따라 힘을 다하여 수고하노라." _골 1:28-29

예수님이 보여주신 '한 사람 목회 철학'

역사 이래로 예수님보다 남녀노소, 빈부귀천을 막론하고 수많은 사람과 다양한 부류의 사람들을 관계한 사람도 흔하지 않을 것이다. 또 예수님만큼 많은 일과 바쁜 일정으로 보낸 사람도 없을 것이다. 그럼에도 불구하고 예수님은 소수의 사람들에게 집중하셨고 한 사람 한 사람에게 관심과 사랑과 돌봄을 아끼지 않으셨음을 복음서에서 자주 발견할 수 있다.

시몬 베드로 한 사람을 찾아가 말씀을 전하시고 제자 삼으셨다. 사마리아 여인 한 사람을 찾아가 장시간 대화를 나누시고(요 4장), 세리장 삭개오 한 사람의 집을 찾아가 하룻밤을 지내셨으며(눅 19장), 밤에 찾아온 유대 관원 한 사람, 니고데모에게 중생에 관해 가르쳐주셨다(요 3장). 그리고 양 한 마리 한 마리 이름을 불러가며 헤아리다가 하나가 없어졌을 때, 아흔아홉 마리 양을 우리에 두고 한 마리의 양을 찾으러 들과 산으로 나가는 목자, 예수님의 심정을 비유로 말씀하셨다(눅 15:3-7). 우리 예수님은 한 사람 목회 철학의 선구자이시다.

'한 사람 목회 철학'을 가졌던 바울

바울은 고린도 교회 성도들에게 "내가 그리스도를 본받는 자가 된 것 같이 너희는 나를 본받는 자가 되라"(고전 11:1)라고 말한다.

　기독교 역사 중에 예수님을 가장 많이 닮은 사람은 바울이라고 서슴지 않고 말할 수 있다. 바울은 한마디로 예수님처럼 목회했다. 바울은 한 사람 한 사람을 잘 권하고 가르치라고 명하였다. 로마서 16장에서는 예수님으로부터 배운 한 사람 목회 철학을 선교 현장에서 적용시키고 있는 것을 볼 수 있다. 동역했던 40여 명의 평신도사역자들을 한 사람 한 사람 이름을 불러가며 로마교회에 추천하고 축복하며 문안인사를 보냈다. 또 바울서신에서는 오네시모 한 사람을 위하여 빌레몬에게 편지를 보내고, 디모데 한 사람에게 집중하여 가르치고 권하고 사역을 위임한 것을 발견할 수 있다. 바울은 예수님처럼 한 사람 목회 철학을 가지고 목회하며 선교했다.

　이러한 바울의 영향으로, 누가도 로마 고관인 데오빌로 각하 한 사람을 위하여 방대한 두 권의 책(누가복음과 사도행전)을 기록했다(행 1:1). 그 결과로 수많은 예수님 닮은 제자들이 세워지고, 바로 그들이 세계 복음화에 막대한 영향력을 끼치게 되었다.

한 사람을 위하여

나는 개척 이후 36년 동안 제자훈련을 해왔다. 1998년 안식년 때 한 학기 외에는 한 해도 거르지 않고 달려왔다. 한번은 한 해만 쉬어야겠다고 마음을 먹고 전 해부터 계획을 세워 부교역자들만 제자반을 맡아 하기로 준비하고 있었다. 그러던 어느 날 남자 성도 한 분이 찾아와 담임목사인 나에게 제자훈련을 받으려고 수년간 망설이다가 드디어 올해 제자훈련 받기로 결정했는데 어쩌면 좋으냐고 말했다. 나는 그 말을 듣는 즉시 그 성도 한 사람을 위해 쉬려고 했던 계획을 취소하고 제자훈련을 계속하기로 결정했다. 한 사람을 위하는 것이 제자훈련 목회 철학이라는 확신 때문에 그렇게 했던 것이다.

그해만큼 제자훈련이 은혜가 풍성한 적이 없었을 정도로 (지난 세월이 점점 잊혀져가서 그런 건지도 모르겠지만) 너무 행복하고 신났다. 더군다나 수년간 갈등하며 기다리다가 제자훈련에 참여한 그분이 변화되어 주님의 제자로, 평신도지도자로 서가는 모습을 볼 때 얼마나 감사하고 힘이 생기던지. '한 사람 목회 철학'이 얼마나 생명력 있고 가치 있는지를 절실히 체험했다. '올해 제자훈련을 쉬지 않고 계속하길 너무 잘했구나' 생각하며 하나님께 감사드렸다.

나는 글에서나 강의 시에 자주 이러한 표현을 한다. "훈련된 평신도 한 사람의 영향력은 빌딩 몇 십 개와 비교할 수 없으며, 훈련된 한 사람은 훈련되지 않은 수백 수천 명과 바꿀 수 없다." 이러한 고백은 목회 현장에서 제자훈련을 통해 세워진 평신도지도자들에게 사역을 위임하면서 실감한다. 어떤 나라나 단체, 기관이나 공동체 안에서 지도자 한 사람이 주는 영향력은 얼마나 큰가!

"한 사람이 순종하지 아니함으로 많은 사람이 죄인 된 것같이 한 사람이 순종하심으로 많은 사람이 의인이 되리라." _롬 5:19

이 시대에 하나님이 찾으시는 한 사람이 되자! 한 사람을 세우는 일에 목회를 집중하자!

교회를 개척하여 평생 제자훈련 목회 사역을 해오면서 한 사람 목회 철학이 얼마나 영향력이 있는지를 확인하며, 한 사람을 귀하게 여기는 목회 사역이야말로 성경에서 말하는 참 공동체를 세울 수 있음을 경험한다. 화평교회 출신의 교역자들이 한 사람 목회 철학을 가지고 목회나 선교 현장에 나가 훌륭하게 사역하고 있는 모습을 볼 때, 그리고 교회 안에 훈련된 평신도들이 작은 공동체 가정교회에서 평신도지도자로서 자신이 가진 역량과 은사, 시간과 물질로 헌신하며 목양 사역을 잘 감당하고 있는 것을 볼 때, 어떻게 평신도 한 사람이 저렇게까지 변화되어 목회자처럼 사역할 수 있는지 신기하게 느끼며 한 사람 목회 사역에 큰 보람과 기쁨과 행복을 누리고 있다.

인도네시아 칼리만탄 무슬림 지역에서 목회 사역을 훌륭하게 감당하고 있는 엘따라니(Eltarani) 목사를 소개하고 싶다. 그는 15년 전부터 한국을 왕래하면서 화평교회 가정교회를 배웠다. 엘따라니 목사는 내가 한국에서 목회자 대상 가정교회 세미나를 하는 것처럼 그곳에서 정기적, 비정기적으로 활발하게 가정교회 세미나를 실시하고 있다. 그리고 그는 '가정교회'를 주제로 논문을 써서 박사학위까지 받았다. 그의 사역들을 통해 한 사람의 영향력이 얼마나 큰가를 볼 수 있다. 앞으로 한 사람, 엘따라니 목사를 통해 하나님께서 인도네시아 땅에 하실 일들이 기대된다.

한 사람 목회 철학을 목회 현장에서 실천하고 적용했던 몇 가지 사례를 나누고 싶다. 2010년 9월에 화평교회가 은보상(은보 옥한흠 목사의 호를 따서 명명한 상으로, 제자훈련 모델교회에 수여함.–편집자)을 받고는 감사의 마음으로 청년부 형제자매들에게 피자와 치킨 등을 대접했다. 개인별로 답례의 문자가 왔는데, 새벽까지 백여 명에게 일일이 상대의 상황에 맞춘 축복의 문자를 보냈다. 그날이 토요일이어서 나는 좀 힘들었지만 그들은 너무나 좋아했다. 사랑에는 수고가 따른다.

2020년 코로나로 인한 방역지침에 따라 교회에 마음껏 출입하기 힘든 상황에서, 온라인 성찬 키트를 만들어 최초로 온라인 성찬식을 거행할 때였다. 127명의 흩어진화평 가족들에게 성찬 키트와 함께 각 가정의 형편과 자녀들을 생각하며 쓴 손편지를 보냈다. 많은 성도들이 그때 큰 격려와 위로와 힘을 얻었다며 그 감동을 잊지 않고 추억하는 것을 볼 수 있다.

소그룹 모임 인도할 때는 두말할 것도 없고, 수료식이나 행사가 있을 때도 한 사람을 귀히 여기는 차원에서 한 사람 한 사람을 일일이 호명하고 개인별로 축하해주는데, 작지만 한 사람 목회 철학에서 시작된 습관이다.

한 사람 목회 철학에 집중하기 위한 제언

첫째, 목회의 본질은 사람에게 있다. 한 사람 목회 철학은 예수님이 보여주신 목회의 본질이다. 목회자가 부흥을 사람 수나 건물이나 예산 등의 증대로 여기고 비본질적인 것에 너무 연연하면, 교회가 성장주의, 물질주의, 목적 지향적으로 흘러가게 된다. 목회의 본질은 예수님이 가르쳐주신 목회의 원리와 방법에 있다. 우리는 예수님은 사람에게 관심을 쏟는 사역을 하셨지 건물이나 제도나 숫자에 집중하지 않으셨음을 잊지 말아야 한다. 본질에 충실할 때 그 결과로 구하지 아니한 것들을 풍성하게 주시는 분이 우리 하나님 아버지이시다.

둘째, 교육과 훈련이 필요하다. 교육과 훈련을 통해서만 한 사람이 그리스도의 제자로 세워지기 때문이다. 설교는 강점도 있지만 한 사람을 온전한 자로 세우는 데에는 한계가 있다. 교육과 훈련을 통해서 예수 그리스도의 제자로 훈련되고, 서로 사랑의 관계를 통해서 한 사람 한 사람이 변화되고 성숙되어간다. 그러한 가운데 시간이 지나면서 지체의식, 형제의식, 가족의식이 형성된다.

셋째, 계속적인 돌봄과 섬김이 있어야 한다. 한 번 제자훈련 하는 것으로 끝이 아니라 계속적인 훈련과 돌봄이 필요하다. 각 사람에 대한 관심과 보살핌이 필요하다. 어린아이에게 지속적인 부모의 돌봄이 필요하듯 한 영혼이 자라가는 데는 끊임없는 사랑과 섬김이 뒤따르지 않으면 안 된다. 하나님의 말씀과 기도로 믿음의 좋은 본을 보이면서 그리스도의 장성한 분량이 충만한 데까지 자라도록 멘토링이 계속 되어야 한다.

넷째, 소그룹의 환경이 중요하다. 한 사람이 온전히 설 수 있는 최고의 환경이 소그룹이다. 소그룹은 모방이나 학습을 통한 치유의 효과가 있기 때문에 한 사람 한 사람을 상황과 눈높이에 맞게 온전히 세워갈 수 있다. 소그룹이야말로 한 사람을 균형 있는 사람으로 세우기에 필요한 최고의 환경이다.

다섯째, 인내가 필요하다. 한 사람이 바로 세워지기까지는 끝없는 사랑의 수고와 인내가 필요하다. 사람에 따라 10년, 20년, 30년이 걸릴 수도 있다. 이런 말이 있다. "당년에 거두려면 곡식을 심고, 10년 후에 거두려면 과수를 심고, 100년 후에 거두려면 사람을 키우라"

세상에서 사람을 키우는 일, 사람을 세우는 일만큼 힘들지만 보람있는 일이 어디 있겠는가? 한 사람을 바로 세우는 일은 영원한 것을 위해 투자하는 것이다. 마지막에 남는 것은 사람이기 때문이다.

"우리가 선을 행하되 낙심하지 말지니 포기하지 아니하면 때가 이르매 거두리라."_갈 6:9

주여! 한 사람에게
목회를 걸게 하소서!

흩어지는 목회

나는
그 시간이 정말 좋다

목회 사역을 하면서 '목회자들 중에 나보다 행복하게 목회하는 사람이 없는 것 같다'라는 생각을 할 때가 종종 있다. 또 제자훈련을 하지 않는 목회자들을 보면 무슨 재미로 목회를 할까 하는 생각을 할 때도 있다. 주관적인 생각일 수도 있겠지만 그만큼 제자훈련을 하면서 얻는 보람과 기쁨과 열매가 크기 때문인 것 같다.

나는 제자훈련 목회를 하다가 목회를 마무리하고 싶다. 그 이유는 사람 세우는 제자훈련이 성경에 근거한 사역이고, 주님이 하셨던 사역이며, 교회에 위임하신 사역이라는 확신 때문이다. 미국 풀러신학교(D. Min.) 논문도 〈제자훈련을 기초로 한 가정교회〉이다. 제자훈련에 대한 학문(이론)과 훈련 현장을 통해서 얻은 축복이 너무나도 크다.

나는 훈련생들과 함께 모여 찬양하고 기도하고 말씀을 가르치고 삶을 나누는 것이 정말 좋다. 설교하는 것보다, 강의하는 것보다 소그룹 지도자로서 구성원들을 섬기고 돌보는 것이 훨씬 더 즐겁고 많은 보람을 느낀다. 그렇다고 설교하는 것을 소홀히 한다거나 강의하는 것을 낮게 평가하는 것은 결코 아니다.

평생을 목회하면서, 주일 오후 시간에는 꼭 가정교회 지도자모임과 남제자반 훈련을 진행했다. 방학 때 외에는 수많은 외부강사 초청도 거절하고 그 좋아하는 축구도 생략하며 수십 년 해온 것이다. 36년 동안 제자훈련을 딱 한 번, 안식년 넉 달 가질 때 외에는 쉬지 않고 지금까지 달려왔다. 주께서 쉬지 못하도록 나를 이끄신 것 같고, 나는 쉬고 싶은 마음도, 쉴 시간도 없었다.

제자반 소그룹에 들어가 지도하고 나누다 보면 서너 시간이 언제 흘렀는지 모른다. 나만이 아니라 훈련생들도 같은 생각을 가지고 있는 것 같다. 조는 사람을 한 번도 보지 못했고, 훈련생들로부터 제자훈련 받는 것 때문에 한 주간의 삶이 피곤하다고, 너무 힘들다고 말하는 것을 들어보지 못했다. '제자훈련 모임'은 성령의 역사가 가장 강하게 일어나고 있는 현장이라고 느껴질 때가 많다. 서로 기도하고 말씀과 삶을 나누면서 큰 위로와 힘을 얻고 치유의 역사가 일어나며, 깊은 형제의식을 갖게 된다. 그래서 훈련받을 때뿐만 아니라 훈련받고 나서도 계속 관계가 이어지고 있다.

훈련생들과 같이 지내다보면 지도자로서 끝까지 사랑하고 싶고, 그들의 어떠한 태도와 모습도 이해가 되고, 부모 같은 마음으로 훈련생들을 품게 되고, 힘든 일이 있을 때 긍휼의 마음을 갖게 된다.

제자훈련반 첫 모임에 들어가면 제일 먼저 나누는 이야기가 있다. "여러분은 올해 정말 수지맞았습니다. 삶을 같이 나누고 고와 낙을 같이할 수 있는 지체들을 얻었기 때문입니다. 이 은혜와 복은 아파트 몇십 채를 얻은 것보다, 또한 사업을 해서 수익을 수십 억 올린 것보다 더 크고 귀한 자산입니다."

훈련생들은 이 말의 의미를 처음에는 별로 느끼지 못하나 훈련을 받아 갈수록 실감하는 것 같다. 목회자로서 지체들과 훈련하며, 고와 낙을 같이하며 목회하는 그 행복은 세상의 어떤 것과도 비교할 수 없다. 제자훈련은 훈련 과정에서도 보람과 기쁨을 누리지만, 끝나고 나서는 더 큰 행복을 느끼게 한다. 즉 지금도 웃고 나중에도 웃게 하는 것이 제자훈련이다. 지금도 울고 나중에도 가슴을 치며 후회할 것인가는 목회자들이 제자훈련 하느냐 안 하느냐에 달려 있는 것이다.

훈련생들끼리 같이 삶을 나누고 기도하며 친밀한 관계가 깊어져갈 때, 서로 격려하며 지체의식을 가지고 사랑할 때, 그들이 점점 변화되고 성숙해갈 때, 받은 은사대로 공동체를 열심히 섬길 때, 하나님 나라의 비전을 가지고 살려고 애쓸 때 제자훈련의 행복을 강하게 느낀다.

제자훈련을 통해서 소그룹의 지도자가 탄생한다. 화평교회 가정교회 특성 중 대표적인 것은 '제자훈련을 기초로 한 가정교회'이다. 왜냐하면 소그룹의 생명은 훈련된 리더에게 달려있기 때문이다. 제자훈련을 통해서 가정교회 소그룹 지도자들이 세워져 충성스럽게 사역하는 모습을 볼 때, 그 기쁨과 보람과 행복은 무엇으로도 비교할 수 없다. 전국의 교회를 리서치해보면 제자훈련 하는 교회가 건강하다. 제자훈련 하는 교회가 질적, 내적으로 성장하고 부흥한다. 코로나 팬데믹 속에서도 제자훈련 하는 교회는 흔들림 없이 견고히 서 있는 것을 얼마든지 목격할 수 있었다.

나는 이 땅의 교회들이 제자훈련 목회를 통하여 주님이 하신 사역을 계속 계승·발전시키기를 기도한다. 더 나아가 본질적인 제자훈련 사역을 통해 목회자들 모두가 성경에 기초한 행복한 목회를 했으면 좋겠다는 소원을 가지고 있다. 아울러 제자훈련 사역을 통해 세상에 하나님의 아름다운 나라와 영광이 펼쳐지기를 소망한다.

제자 훈련은 모든 사역의
기초이며 원천이며 바탕이다.

목회는
관계다

목회 사역에 있어서 중요한 원리로 삼는 몇 가지 중에 첫 번째로 꼽고
싶은 것은 '목회는 관계다'임을 강조하고 싶다. 어떤 이는 '목회는 관
계의 예술이다', '목회는 살아있는 관계맺음이다'라고 정의한다. 그만
큼 '관계'는 목회 사역에 있어서 중요한 역할과 비중을 차지한다. 그런
데도 목회자가 관계를 소홀히 하고 관계 증대를 위해서 노력하지 않
는 경우가 많다.

유대인 철학자 마르틴 부버(Martin Buber)는 《나와 너》 *Ich und Du*라는
책에서 현대인의 인간관계를 세 가지로 말하고 있다. 먼저 "그것과 그
것의 관계"이다. 이 관계는 인격적인 사람을 서로 물건처럼 취급하는
관계를 말하는 것이다. 또 하나는 "나와 그것의 관계"이다. 상대방이

나를 물건처럼 취급해도 자신은 인격적으로 상대를 대한다는 것이다. 마지막으로 마르틴 부버는 사람의 관계는 서로가 인격적으로 대하는 "나와 너의 관계"로 발전되지 않으면 안 된다는 것을 강조한다.

게리 스몰리(Gary Smalley)는 "관계는 모든 것이고 다른 것은 부수적인 것이다"라고 했다. 그 말에 전적으로 동감한다.

하버드대학 출신으로 성공한 사람 500명을 대상으로 리서치해보니, 역량이나 테크닉 쪽이 탁월하여 성공한 사람은 15퍼센트에 불과했고, 나머지 85퍼센트는 관계가 뛰어나서 성공했다는 결과가 나왔다.

성경은 수많은 관계를 말씀한다(엡 5:22-32, 6:1-9). 하나님은 성부, 성자, 성령 하나님으로서 관계적 존재이시다. 우리 사람도 관계적 존재이다. 성경은 많은 관계 중 요약해서 크게 두 관계를 말한다. 하나님과의 관계(1-4계명), 이웃과의 관계(5-10계명). 예수님도 "지혜와 키가 자라가며 하나님과 사람에게 더욱 사랑스러워 가[셨다]"(눅 2:52). 초대교회 성도들도 "온 백성에게 칭송을 받으니 주께서 구원 받는 사람을 날마다 더하게 하[셨다]"(행 2:47).

특히 목회자는 공동체 안에서 성도와의 관계, 장로(당회)와의 관계가 지혜와 사랑의 관계로 원만해야 건강한 공동체를 이룰 수 있다. 오늘날 목회자들은 성도들과 관계에서 몸살을 앓고 있다. 특히 장로와의 관계는 더욱 그렇다. 나는 관계 증대를 위하여 얼마나 노력하는가? 서로의 관계가 깊이 형성되기 전까지 인간관계에는 불신과 갈등과 오해가 많을 수 있다. 그러나 친밀한 관계가 형성되면 목회는 마냥 자유롭고 행복해진다. 무슨 말을 해도, 무슨 소리를 들어도 상처받지 않는다. 그렇게 되기까지는 많은 시간과 노력이 필요하다. 저절로 되는 것이 아니며 가만히 기다린다고 되는 것도 아니다.

우리 예수님은 관계의 선구자이시다. 예수님은 누구나 좋아하시고 품어주셨다. 누구든 회개하면 용서하셨으며, 누구나 찾아오면 거절하시지 않고 갖가지 문제들을 해결해주셨다. 그래서 사람들은 예수님과 가까이 관계하는 일을 어려워하지 않았다. 남녀노소, 빈부귀천을 막론하고 예수님을 따랐다. 목회자는 예수님 같아야 한다. 누구에게나 접근하기 쉽고 상대하기 편한 사람이 되어야 한다. 성도들이 볼 때 목회자가 까다롭고 차갑고 대하기가 어렵다면 관계에 문제가 있는 것이다. 관계가 원만해야 훌륭한 목회를 할 수 있다. 다양한 부류의 사람들이 모인 공동체가 하나를 이루는 데에 관계의 지혜는 너무도 중요하다.

당회와의 관계, 교역자들 간의 관계, 평신도 지도자들과의 관계 등을 어떻게 발전·증대시켜 나갈 것인가? 존 맥스웰(John C. Maxwell)은 《관계의 기술》이라는 그의 책에서 관계 증대를 위해 다섯 가지를 강조한다.

- ☑ 상대방이 나를 격려해주기를 원하는가? 내가 먼저 격려하라.
- ☑ 상대방이 나를 인정해주기를 원하는가? 내가 먼저 인정하라.
- ☑ 상대방이 나를 용서해주기를 원하는가? 내가 먼저 용서하라.

흩어지는 목회

☑ 상대방이 나를 경청해주기를 원하는가? 내가 먼저 경청하라.

☑ 상대방이 나를 이해해주기를 원하는가? 내가 먼저 이해하라.

'다른 사람에게 기대하는 바를 내가 먼저 하라'라고 가르친다. 내가 먼저 상대에게 격려, 인정, 용서, 경청, 이해할 때 관계가 증대되는 발전 원리라는 것이다. 목회자가 바른 관계 리더십을 발휘할 때 교회는 평안하고 든든함 속에서 아름답게 성장하게 된다. 상대를 이해하고 포용하고 사랑하기 위해서는 자기 프레임에서 벗어나야 한다. 자기 중심으로 고정되어 있는 관념, 틀, 가치기준을 벗어 버리는 것이 관계 증대에 얼마나 중요한가를 잊지 말아야 한다.

목회자는 우리 예수님처럼 관계에 능한 자가 되어야 한다. 남녀노소 빈부귀천을 막론하고 모두가 좋아하고 따르는 사람, 누구나 다 관계하기에 편한 사람이 되도록 우리 자신을 잘 다듬어가야 하겠다. AI가 세상을 지배하며 인간의 모든 문제를 해결해주는 것 같지만 관계는 증대시켜주지 못한다.

이런 저런 이유로 나와 관계가 끊어진 사람이 있는가? 더 이상 관계하고 싶지 않은 사람이 있는가? 은혜를 배반하고 나를 떠나 버린 사람이 있는가? 자존심 다 버리고 먼저 찾아가라, 만나라, 필요한 것을 채워주라. 주님께서 우리를 대하신 것처럼 행하라. 그리할 때 천하보다 귀한 한 사람 그를 얻게 될 것이다.

부족하지만 나는 평생 관계 증대를 위해 무던히 노력해 왔다. 그 결과로 오는 주님의 은혜와 복은 참으로 컸다.

제자훈련이나 가정교회 소그룹은 관계 증대를 위해 최고로 좋은 환경이라고 생각한다. 관계 증대를 위한 최고의 전략은 목회자가 소그룹 목회에 집중하는 것이다. 소그룹에서 삶을 나누고 기도해주고 서로 섬길 때 친밀하고 깊은 관계가 형성된다.

하나님과 성도들과의 관계 증대를 위하여 얼마나 노력하고 있는가?

교역자들과의
관계

목회자가 목회 사역을 하면서 모든 분야에서 관계 증대를 위해 노력해야 하겠지만 가장 우선으로 가까이에 있는 동역자들(부교역자)과의 관계가 중요하다. 중국의 공자는 "젊은이를 두려워하라. 그러나 사십, 오십이 되어도 이름이 알려지지 않으면 두려워할 대상이 아니다"라고 말했다고 한다. 나는 "가까이에 있는 부교역자들을 두려워하라"라고 말하고 싶다. 정말 훌륭한 목회자는 가장 가까이에 있는 부교역자들로부터 신뢰와 존경을 받는다.

　몇 가지 불미스러운 예들을 나눈다. 얼마 전 해외에 나가있는 모선교사가 수십 명의 현지 목회자들을 데리고 한국의 어느 초대형교회를 집회에 참석하였다. 그때 그 교회 담임목사가 부교역자들을 호출하여 성도들 앞에 세우고 호통치는 모습을 보고, 참석한 목회자들은 큰 충격과 실망을 느꼈다는 것이다. 수년 전 우리 교회 어느 자매가 어느 방송국의 PD로 사역할 때 모교회를 취재하러 갔는데, 담임목사가 부목사를 폭행하는 모습을 보고 충격을 받아 한 주간 직장도 나가지 못했다는 말을 들었다. 정말 기가 막힌 일이다.

초대형교회에서 수년간 교회 간사로 일하던 자매가 교회를 떠나면서 그 교회 담임목회자에게 남긴 말을 어느 장로님으로부터 들은 말이 생각난다. "수년간 목사님 가까이에서 지켜보았는데 아무리 생각해 보아도 목사님은 천국에 가시지 못할 것 같습니다." 그 이유는 목사님의 삶과 인격을 보니 엉망이라는 것이다.

담임목회자의 인격과 역량을 검증해 볼 수 있는 사람은 부교역자들이라고 생각한다. 훌륭하다고 이름난 목사님들 중 어떤 분은 외부 목회자들이 훌륭하게 보는 것처럼 옆에서 동역하는 부교역자들도 똑같이 신뢰하고 존경하는 목회자도 있지만, 어떤 분은 자신의 교회 부교역자들이 실망스럽게 보는 경우도 많음을 볼 수 있다.

나는 어떤 목사인가? 고와 낙을 함께하는 교역자들이 나를 어떻게 보는가는 매우 중요하다. 이러한 측면에서 교역자들을 생각하면 조심스럽다. 그들은 담임목회자가 자신들을 어떻게 대하고 지도하는지를 보고 배워 후에 담임목회자가 되어 그대로 할 수 있기 때문이다. 자녀가 부모를 닮듯이, 부교역자는 담임목회자에게서 보고, 듣고, 경험한 것을 목회 현장에 그대로 적용할 수 있다. 그들의 미래 목회 모습은 현재 사역 경험과 깊은 관련이 있기 마련이다.

나는 부교역자들에게 제대로 잘 대해주는 것이 없어 부끄럽지만 나름대로 몇 가지 원칙을 정해놓고 부교역자들을 섬기며 동역하고 있다.

첫째, 부교역자들을 관리하며 책임 추궁하지 않으려고 노력하며, 각자가 알아서 은사에 따라 맘껏 사역하도록 위임한다.

둘째, 교회 안에서 최선을 다해 대우하도록 적극 노력한다. 부교역자의 권위를 세워주는 표징으로 성도들 앞에서 존댓말을 쓰며, 주일 낮 설교를 할 수 있는 기회를 제공한다.

셋째, 같은 비전과 철학을 공유하고 사역하도록 교제하고 나누며 함께 훈련한다.

넷째, 형제의식, 가족의식을 가지고 교역자들을 사랑하며 관계하니 좀처럼 허물이 보이지 않는 것 같다.

다섯째, 현재 하고 있는 사역 뿐 아니라 앞으로의 화평공동체의 모든 사역을 이분들에게 위임해야겠다는 마음을 가지고 동역하고 있다.

여섯째, 교역자들의 진로에 대해서 막중한 책임감을 가지고 있다. 다른 교회 담임으로 부임하든 부교역자로 가든 혹은 개척교회나 흩어지는교회로 가든, 아비 같은 마음을 품고 계속 좋은 관계를 유지하려고 노력한다.

교회마다 담임목회자들이 부교역자들과의 관계 문제로 골치가 아프다고 아우성이다. 나도 크고 작게 이런 경험을 하기도 했다. 그럴때마다 '그럼에도 불구하고 끝까지 품고 사랑해야지. 우리 주님이 주님을 배반했던 제자들을 끝까지 사랑하신 것처럼. 그럼 그 언젠가는 정신을 차리겠지' 하면서 내 마음을 스스로 달래보기도 했다.

나는 부교역자에게 목회자의 모델이 되고 싶다. 최 목사는 정말 우리를 사랑하고 인정해주는 목회자였다는 소리를 이후에라도 듣고 싶다. 생이 다하는 그날까지 계속 그들을 격려해주고 붙들어주며, 그들의 필요를 채워주고 멘토링하는 목사가 되고 싶다. 자신의 목회를 위해 부교역자를 이용하는 목사가 아니라, 그들을 진심으로 사랑하고 신뢰하며 격려해주는 목사였다는 말을 듣고 싶다.

흩어지는 목회

장로들과의
관계

한국 교회가 담임목회자들 때문에 힘들다고 난리지만 교회마다 장로를 세워놓고 목회자들이 힘들어 한다. 장로 직분을 받으면 담임목사를 보좌하고 교회를 위하여 충성하기에 더 좋은 환경이되기에, 교회는 장로를 세우는 것이다. 그러나 이상하게도 충성스럽던 집사도 장로만 되고나면 교회 공동체를 종으로서 섬기려 하기보다는 관리자로, 담임목사의 견제자로 행세하려 한다. 주의 나라를 위해 담임목사의 목회 사역을 협력하고 동역하라고 장로를 세웠을 텐데 말이다.

　나는 임직 설교나 임직 권면을 할 때 임직자들에게, 장로가 되면 이것저것 하겠다고 마음먹지 말고 집사였을 때 보였던 충성과 헌신을 잘 유지하기만 하겠다는 다짐을 하라고 종종 권면한다. 그 이유는 장로 직분이 섬김의 사역을 위한 것인 줄 모르고 장로가 되고나면 직분을 계급이나 상하구조의 직책으로 생각하여 초심을 잃어버리고 군림하곤 하기 때문이다.

또 다른 이유는, 500년 전에 부패한 로마 가톨릭의 독선을 막고 교회의 거룩성과 진리성을 사수하기 위하여 만들어진 장로교 정치제도를 한국 교회가 오늘까지 문자적으로 그대로 고집하고 있기 때문이다. 그 당시로서는 장로교 정치제도가 순기능을 했지만 오늘에 와서는 역기능으로 나타나고 있기 때문에, 장로교 원리와 정신을 계승해 가기 위해서라도 시대 변화에 대처하지 않으면 교회가 교회로서 세상 속에서 사명을 제대로 감당할 수 없다.

나는 담임목회자로 있으면서 16명의 장로들을 세워 함께 동역한 때도 있었다. 예수 그리스도 밖에서 보면 상대하기가 쉽지 않은 다양한 분들이 믿음 안에서 한 마음 한 뜻이 되어 교회로 함께 지어져 가는 것이 신기하기만 했다. 나는 장로들과 동역하면서 문제 많은 전통교회에서 일어나는 갈등들을 거의 경험하지 않았다. 그동안 목회 사역을 해오면서 우리 교회 장로들만큼 신실하고 매력적인 장로들을 만나보지 못한 것 같다. 그러나 세월이 지나면서 화평교회도 한국 장로교회가 가지고 있는 문제점들을 다 가지고 있구나 하는 생각을 한 적도 있다. 그럼에도 다른 전통교회와 다른 점은, 훈련된 평신도사역자가 영적 구심점이 된 인프라가 확실하고 견고하게 구축되어 있었기에 제도적인 문제점들이 힘을 발휘하지 못했다는 것이다.

흩어지는 목회

나는 장로들과의 관계에서 몇 가지 원칙과 다짐을 갖고 섬기며 지도하고 있다.

첫째, 부모형 리더십을 발휘한다. 목회자가 부모 같은 마음만 가지고 있으면 어떤 어려움도 다 감당하고 견뎌낼 수 있겠다 하는 생각이 들 때가 많다. 그래서 성경은 우리를 향한 하나님의 사랑을 말할 때 부모와 자식 관계로 많이 표현하는 것 같다.

하나님의 교회를 파괴하지 않고 하나님 나라를 대적하지 않는 한, 끝까지 품고 가야 한다. 내가 아는 어느 목사님은 "장로는 하나님이 주신 마누라다"라고 이야기한다. 미운 정 고운 정 다 들고, 끝까지 품고 가야 할 사랑하는 사람이라는 공통점을 생각하면 일리가 있는 말이다. 어찌 나라고 일시적으로 미워지는 장로가 없었겠는가? 하지만 늘 부모 같은 마음을 가지려고 노력하니 모두가 다 사랑스럽고 다 품어주고 싶고 다 책임져주고 싶다. 주님 부르시는 그날까지 같이 안고 업고 끌고 밀어주며 가야겠다는 다짐과 결심을 자주 한다.

둘째, 신뢰관계를 형성한다. 목회 사역의 모든 영역에서 신뢰를 구축하는 일은 너무 중요하다. 특히 물질 관계에서 신뢰를 잃으면 끝이다. 장로님들과 교회 전반적인 일들을 동역하며 당회로 모여 결정할 때 나는 세 가지로 분류하여 생각한다. 보고해야 할 일들, 같이 나누어야 할 주요 사항들, 의결해야 할 일 등으로 나누어 모임을 진행한다. 특히 회의 중심보다는 삶의 나눔이나 기도제목 등에 더 역점을 둔다. 그리고 교회 정황이나 교육이나 훈련에 관련된 것은 일방적으로 보고하는 식이 많고, 재정과 관련된 부분에서는 3분의 2가 넘어도 만장일치가 될 때까지 기다렸다가 추진하는 경우가 많이 있다. 특히 부동산이나 건축과 관련된 일을 결정할 때 더욱 그렇게 한다. 당회원들의 분열 없이 하나가 되기 위해서이다. 그러나 목회적인 사역이나 교회 비전과 관련된 것에는 과감히 밀고 나가는 경우가 많다.

목회자가 목회를 하면서 신뢰를 얻어야 할 영역들은 물질뿐만 아니라 경건생활, 사랑의 관계나 섬김, 설교, 상담, 인격이나 역량이나 삶 등에서도 마찬가지이다. 목회 사역을 하면서 장로들이나 성도들이 너무 믿어 주어 부담이 될 때가 있다. 그럴 때마다 하나님 앞에서나 성도들 앞에 더 잘 해야겠다는 생각을 기도하면서 자주 하곤 한다.

셋째, 지속적으로 교육과 훈련한다. 왜 한국 교회 안에서 세상에서도 찾아 볼 수 없는 아름답지 못한 모습들이 나타나고 있는가? 교육과 훈련이 되지 않은 상태에서 쉽게 직분자들을 세우기 때문이다. 그렇게 오랜 세월을 한 공동체 안에서 지내왔건만, 어느 순간에 담임목회자와의 관계가 적대관계 혹은 상하관계로 전락될 수가 있다. 장로들에게도 교육과 훈련을 멈추지 말아야 한다. "교회가 무엇인가?", "기독교적 세계관", "섬기는 지도자", "장로부부 수련회" 등을 통하여 공동체를 바른 원리와 정신을 가지고 섬겨 나가도록 도와줘야 한다. 그러지 않으면 장로직을 감투로 생각하기가 쉽다. 특히 교인들로부터 신뢰를 잃고 사역을 안 하는 경우 더욱 장로직을 이용해 성도들을 관리, 감독하려 하고 담임목사를 힘들게 하며, 공동체에 악영향을 줄 수 있다.

넷째, 사역을 위임하고 동역한다. 우리 교회의 장로들 중 사역하지 않는 장로는 아무도 없다. 주차 봉사, 주방 봉사, 교회 관리, 청소, 찬양대, 선교부장, 가정교회지도자, 새가족반 인도, 양육반 인도, 교회학교 교사 및 부장으로 섬긴다. 장로 이름도 주보에 따로 기재되어 있지 않고 당회실도 따로 없다. 돌보고 섬겨야 할 성도들을 만나느라 장로들끼리 있을 시간이 없으니 방이 따로 없는 것이다. 모두 성도들에게 본이 되는 삶으로 본받고 싶은 섬기는 장로들로 사역하고 있다.

문제가 많은 교회를 보면 장로가 할 일이 없으니까 자꾸 관리자, 결제자, 참견자가 되려한다. 반드시 장로는 받은 은사대로 사역을 하도록 교육하며 그러한 분위기를 조성해야 한다. 어떤 교회는 집사 때 사역을 잘하다가도 장로가 되면 다 내려놓는다. 사역을 할 때 변화되고 성숙해지며, 진정한 장로직을 수행할 수 있다.

다섯째, 장로 되기 이전보다 더 잘 섬기고 돌보고 함께한다. 담임목회자는 평신도가 장로가 되면 이전 같이 대하지 않는다. 장로 되기 이전과 달리 환경적으로 쉽지 않다. 업무나 회의 관계로만 만나지 친근감을 가지고 편하게 교제하거나 격려하고 나눌 수 있는 기회가 줄어든다. 한편 장로들도 이중적으로 힘들어진다. 담임목회자나 성도들이 장로에 대한 기대치가 장로 되기 이전보다 커지니까 스트레스를 많이 받게 된다. 그러다보면 서로가 멀어지고 관계가 삭막해지기 십상이다.

장로는 목회 사역에 최고의 걸림돌이 되기도 하고 최고의 디딤돌이 되기도 한다. 담임목회자가 교회에서 가장 관심을 가지고 알아주고 품어주며 돌보아야 할 사람은 장로이다. 왜냐하면 구조적으로 그런 면에서 생략되고 소외되기 쉬운 위치에 있기 때문이다. 목회자가 사역하면서 힘들고 지칠 때가 있는 것처럼 장로들도 삶의 현장에서 힘들고 곤고한 일이 많은데 교회에서 사역까지 하느라 얼마나 힘든가를 알아주어야 한다. 담임목회자가 그들의 수고와 섬김을 인정해주고 격려를 아끼지 말아야 한다.

평신도사역자들과의
관계

강의나 세미나로 목회자들을 섬길 때 "평신도를 훈련시켜 함께 사역하면서 가장 힘든 일과 가장 행복한 일이 무엇입니까?"라는 질문을 자주 받는다. 그럴 때마다 나는 "가장 힘든 일은 평신도지도자들이 사역하면서 힘들어 할 때이고, 가장 행복한 일은 평신도지도자들이 보람과 기쁨을 가지고 힘 있게 사역할 때입니다"라고 대답한다.

평신도를 훈련하여 사역을 위임하는 일은 목회자가 해야 할 가장 중요한 사역이지만, 위임만 해놓고 그들에 대한 지속적인 관심과 돌봄이 없다면 시간이 지나면서 평신도지도자들은 영적 침체에 빠지게 된다. "목자들이 양떼를 먹이는 것이 마땅하지 아니하냐"(겔 34:2)는 말씀처럼 목회자는 그들을 마음에 품고 그들과의 관계를 소홀히 하지 말아야 한다. 왜냐하면 목회자들은 목회에만 전념할 수 있지만 그들은 생업에 종사하며 치열한 삶의 경쟁 속에 살면서 목회 사역하는 사람들이기 때문이다.

직장, 사업, 자녀, 경제 문제 등을 책임져가며 목회 사역을 한다는 것은 보통 어려운 일이 아니다. 적당히 사역하지 않고 온 마음과 시간과 물질을 드리며 헌신하는 사역자일수록 쉽게 탈진할 수 있고, 더욱 관심과 돌봄이 필요하다. 목회자는 평신도지도자들을 보면서 얼마나 힘들지를 생각하며 마음을 같이하고 그들의 수고와 헌신을 알아주어야 한다. 뿐만 아니라 그들의 영적인 필요를 채워주는 일이 목회자의 최우선적인 사역이다.

그러면 언제 어떻게 평신도지도자들을 위한 계속적인 돌봄과 교제를 가질 것인가?

평신도지도자들은 큰 공동체 안에서 실시하는 기본적인 교육과 훈련 과정을 마친 사람들이다(새가족반, 양육반, 제자반, 지도자반, 신구약반 등). 그럼에도 불구하고 목회자의 계속적인 돌봄과 관심 그리고 훈련이 이루어지지 않으면 탈진할 수 있다. 이러한 상황에 빠지지 않도록 평신도지도자들과의 만남과 교제의 시간을 갖기 위해서는 무엇보다도 시간과 장소를 확실히 확보해놓아야 한다.

정기적인 만남 '가정교회지도자모임'

화평교회의 경우 주일 오후 2시 30분부터 4시 30분까지는 평신도지도자들과 함께하는 시간이다. 아침부터 여러 번 예배를 인도하고 점심식사를 한 후여서 부담스러울 수 있지만, 나는 이 시간만큼은 다른 어떤 것보다 기다려진다. 그리고 이 시간을 통해 오히려 쉼이 되는 것을 경험할 때가 많다. 왜냐하면 이미 나와 관계가 형성되었고 같은 목회 철학과 비전을 가진 평신도 목회자들과의 만남의 시간이기 때문이다. 함께 찬양하고 기도하며 삶과 사역을 나누고, 특강 등을 통해 그들에게 필요한 것들을 공급해주는 시간이다. 아니 서로 수혈 받는 시간이다. 공동체에서 중추적인 역할을 하는 지도자들이기에 교회의 중요한 광고는 제일 먼저 여기서 하게 되고, 큰 행사를 앞두고 있을 때 세부 방안을 그룹별로 논의하기도 한다.

교회 규모가 커져감에 따라 정기적으로 평신도지도자들과의 만남과 교제의 시간을 갖지 않는다면 평신도 사역의 극대화는 불가능할 수밖에 없다는 것을 절실히 느낀다. 그래서 나는 특별한 일이 없는 한 이 시간만큼은 빠지는 경우가 없으며 전체를 담임목회자인 내가 이끌어간다. 이들과의 교제와 훈련을 위해 교회 공간이나 시간을 우선순위로 정해 놓았다.

힘들어할 때 상담 그리고 식사교제

주일 오후 가정교회 지도자 모임 시에 받았던 사역보고서를 주일 저녁 혹은 월요일 오전에 읽고 살펴본 뒤 주중에 기도해야 할 사람, 전화해야 할 사람, 심방해야 할 사람, 메일·문자 등을 보내야 할 사람 등으로 분류하여 그 주간의 사역을 하게 된다. 그때 연락해야 할 사역자, 만나야 할 사역자를 정해둔다. 그들과 주로 점심시간을 이용해 식탁교제를 많이 한다. 특히 토요일 저녁식사 시간은 평신도지도자들을 만나기에 가장 좋은 시간이다. 나 자신도 주일 준비를 마친 시간이고 어차피 저녁식사를 해야 할 시간에 만나 식탁교제를 하면서 사역자 가족 이야기와 가정교회 사역에 관한 대화를 많이 한다. 보람 있는 일이나 힘든 일에 대해 나누고 격려해주고 같이 상의하기도 한다.

평신도지도자들은 이러한 만남을 너무 좋아하는 것 같다. 아쉬운 것이 있다면 제한된 시간 때문에 아직 많은 사역자들을 만나지 못하고 있다는 것이다. "우리 한번 만납시다"라고 해놓고는 수년째 못 만나고 있는 경우가 허다하다. 평신도사역자들은 담임목회자를 만나 교제하며 사역을 나눌 수 있는 시간과 기회가 주어진 것에 대해 너무 기쁘게 생각하는 것 같다. 어느 평신도지도자가 보낸 글을 소개한다.

"목사님을 만난 지 17년이 되었지만 변함없이 사람 세우는 본질적인 사역에 집중하시는 모습을 보면서 저도 목사님 같은 평신도목회자로 헌신해야겠다는 생각을 자주합니다. 목사님은 제자훈련과 소그룹 목회를 즐기시면서 하시는 것 같습니다. 가시같이 느껴지는 사람도 품어주시고 기다려주시는 모습이 감동적입니다. 무엇보다도 목회자로서 모든 면에서 본을 보여주고 계십니다. 저는 목사님 만나는 시간이 즐겁습니다. 만나서 사역도 나누고 식사도 자주 하며 영적으로 충전됩니다. 늘 가까이하고 싶고 자주 만나고 싶은 목사님이십니다. 목사님도 그 바쁜 중에도 저를 비롯하여 평신도지도자들과 만나 교제하시는 일을 우선순위로 두시는 것 같습니다. 저는 제 인생 여정에서 이러한 목사님을 멘토로 삼고 사역하게 된 것을 큰 영광과 축복으로 생각하며 이러한 행복한 만남을 주신 하나님께 늘 감사하고 있습니다. 주님이 부르시는 그날까지 평신도사역자로서 목사님과 동역하며 멋진 인생을 살고 싶습니다."

목회자는 제자훈련과 사역훈련 후의 평신도들에 대해 적어도 세 가지는 꼭 마음에 두고 신경을 써야 한다. 첫째, 사역할 수 있는 현장을 주는 일. 둘째, 받은 은사와 재능대로 사역을 맡기는 일. 셋째, 계속적인 돌봄, 훈련, 관계를 갖는 일이다. 그렇지 않으면 갈수록 평신도지도자들은 매너리즘에 빠지게 되고 그들이 섬기는 소그룹은 점점 생명력을 잃어갈 수 있다.

농부가 거위에게 매일 황금알 낳기를 기대한다면 낳을 수 있는 자원을 보수하고 유지시켜 주어야 하는 것처럼, 역동성 있는 사역을 위해서 목회자는 평신도사역자들에게 때마다 시마다 그들의 필요를 공급해주는 것이 마땅한 일이다. 소그룹의 생명은 훈련된 평신도 지도자들에게 달려있다.

"네 양떼의 형편을 부지런히 살피며 네 소떼에게 마음을 두라." _잠 27:23

목회자가
신뢰를 얻는다는 것

신뢰의 중요성

세상을 살아가면서 신뢰를 얻는 것보다 더 중요한 일은 없다. 특히 하나님의 교회를 이끄는 목회자에게 신뢰는 매우 중요하다. 세미나와 강의로 동역자들을 섬길 때 자주 물어오는 질문 중 하나가 있다. "전통교회나 미자립교회에서 제자훈련 사역이나 가정교회 소그룹 사역을 하려면 준비기간이 얼마나 걸릴까요?" 그때 나는 확신에 차, "담임목회자가 지금까지 해왔던 목회 사역 전체에 대하여 성도들로부터 얼마나 신뢰를 얻었느냐에 따라서 준비 기간이 짧을 수도 있고 길 수도 있을 것입니다"라고 답한다. 교회 정황에 따라 다소 차이는 있겠으나, 새로운 사역을 시작하려고 할 때 목회자에 대한 신뢰도가 성패를 좌

우한다고 해도 과언이 아니다.

개척한 지 10년이 되던 해, 1998년에 가정교회가 제대로 된 모델이 없던 상황에서 가정교회를 3개월 준비하고 바로 시행할 수 있었던 근거는 지금까지 나의 목회사역에 대한 화평가족들의 신뢰가 있었기 때문이었다. "가정교회 사역이 무엇인지 잘 모르지만 우리 목사님 하시는 사역은 확실하고 성경적이기에 따라 가면 손해날 것 없어"라는 말이 성도들의 입에서 오르내렸다. 2005년 9월호 〈디사이플〉에 옥한흠 목사님이 존 맥스웰의 글을 인용하여 다음과 같이 쓰셨다. "목사는 비전을 팔기 전에 자신을 팔 수 있어야 한다. 청중은 목사를 사기 전에 비전을 먼저 사지 않는다. 그러므로 목사는 교인들과 상호간에 신뢰를 주고받아야 하며, 자신이 올바른 트랙 위에 서 있다는 것을 교인들에게 보여주어야 한다. 이럴 때 비로소 그들은 그의 비전을 안심하고 살 것이다"

존 맥스웰은 "신뢰는 리더십의 기초이다. 사람들은 리더를 받아들이고, 그 이후에 리더의 비전을 수용한다"라고 하였고, 스티븐 코비(Stephen Covey)는 "훌륭한 지도자는 신뢰를 바탕한 역량과 인품을 갖춘 사람이다"라고 정의하였다. 한 제자가 공자에게 나라의 부강을 위해 꼭 필요한 세 가지가 무엇이냐고 질문했다고 한다. 공자는 "경제, 국방력, 신뢰"라고 답했다. 그럼 그 세 가지 중에 더 중요한 것 한 가지는 무엇인가를 질문하니 "신뢰"라고 답했다는 것이다.

가끔 일반 잡지나 기독교 기관의 설문조사 결과를 살펴보면 목회자의 신뢰도가 타종교의 지도자, 즉 신부나 승려보다도 낮은 것을 볼 수 있다. 하늘에 계신 아버지의 온전하심과 같이 우리가 온전해져야 하는데(마 5:48), 그리고 그리스도 예수의 장성한 분량이 충만한 데까지 성숙해져 가야 하는데(엡 4:13), 기독교 목회자들이 타종교 지도자들보다도 신뢰도가 낮다는 것은 심히 마음 아프고, 통회해야 할 일이다.

목회자가 신뢰를 잃으면 모든 것을 잃은 것과 별 다를 바가 없다. 아무리 역량이 있고 경륜이 있다 할지라도 신뢰를 얻지 못하면 말씀의 가르침에 구속력이 없어져 목회의 생명력을 잃게 된다.

신뢰를 얻어야 할 영역

물질적인 부분에서 신뢰를 얻어야 한다. 요한 웨슬레(John Wesley)는 "그 사람을 시험해볼 수 있는 유일한 시금석은 물질이다"라고 말하였다. 교회 건축을 하면서 헌금을 해보니 사람들 속에 있는 것들이 적나라하게 드러나더라고 말하는 목회자들을 많이 보았다. 사실인 것 같다. 성도뿐 아니라 목회자도 사명을 잃으면 맘모니즘(mammonism)에 빠지는 모습을 많이 본다.

크리스천이라면 세상 사람들이 최고로 사랑하고 좋아하는 물질을 초연하게 내려놓는 훈련이 필요할진대, 목회자라면 더더욱 그러하다. 돈을 좋아하기 시작하면 그때부터 목회는 사양길로 가게 된다. 얼마나 많은 목회자들이 목회를 하면서 혹은 목회 마무리를 하면서 물질의 시험과 올무에 걸리고 있는가!(딤전 6:8-10) 목회자가 물질에 초연할 때 사람들로부터 신뢰를 얻게 된다.

언어 생활에서 신뢰를 얻어야 한다. 목회자가 언행일치의 삶을 살지 않으면 목회자의 말과 가르침은 전혀 구속력이 없어 메아리에 불과하다. "하나님 나라는 말에 있지 아니하고 오직 능력에 있[다]"(고전 4:20)는 말씀을 꼭 마음에 깊이 담고 목회해야 한다. 뻔한 말이지만 강단에서 말한 것을 내려와 삶의 현장에서 지키는 사람이 목회자이다. 인격과 삶이 뒷받침이 되지 않는 메시지는 청중의 마음을 움직일 수 없고 생명력이 없다. 삶으로 신뢰 관계가 형성된 상태에서 복음을 선포하고 말씀을 가르칠 때 생명의 역사가 일어나는 것이다. 그 결과로 풍성한 사역의 열매를 기대할 수 있다.

도덕, 윤리적 면에서 신뢰를 얻어야 한다. 도덕과 윤리는 모든 삶의 영역에서 기반이 된다. 그리스도인의 인생 최고의 목적은 구원 받은 자로서 복음에 기초한 윤리적이고 도덕적인 삶을 살아서 하나님을 영화롭게 하는 것이다. 오늘날 목회자들이 하나님과의 수직적인 면만 강조하고 사람과의 수평적인 관계에 대해서는 무관심하며, 삶으로 보여주지도 않고 가르치지도 않기 때문에 신뢰를 잃고 있다. 세상에서 어떻게 그리스도인으로 살아야 하는지를 목회자가 잘 가르쳐주어야 한다. 신앙생활은 교회에서 하는 것이 아니라 세상 밖에서 하는 것이다. 제 4계명에서 강조하고 있는 것이 무엇인가? 엿새 동안 힘써 일하고 이레 되는 날, 주일을 지키라고 권하고 있다. 목회자들의 균형 있는 삶과 사역으로 이 시대 도덕성 회복이 시급한 때이다.

"너희는 예루살렘 거리로 빨리 다니며 그 넓은 거리에서 찾아보고 알라 너희가 만일 정의를 행하며 진리를 구하는 자를 한 사람이라도 찾으면 내가 이 성읍을 용서하리라." _렘 5:1

신뢰 구축과 회복을 위한 제언

미국 사회에서는 한 번 신뢰를 잃으면 5년 안에 회복되기가 어렵다고 한다. 우리 한국 사회에서는 더 어렵다고 생각한다. 지도자가 신뢰를 잃었다면 신뢰 구축을 위해 몸부림치는 노력이 필요한 것이다.

거룩성을 위한 대가를 지불해야 한다. 거룩이 무엇일까? 영국의 라일(J. C. Ryle) 주교는 "거룩함이란 습관적으로 하나님과 한 마음을 갖는 것"이라고 정의했다. 《주님은 나의 최고봉》의 저자 오스왈드 챔버스(Oswald Chambers)는 신자들이 거룩을 너무나 가볍게 여기고 있다며 참된 거룩을 위해서는 대가를 치러야 하는데 그 대가는 "땅에서의 관심을 지극히 줄이고 하나님을 향한 관심을 무한히 넓히는 것"이라고 강조했다. 목회자는 신뢰 회복을 위해 "내가 거룩하니 너희도 거룩하라"는 말씀(레 11:44, 19:2)에 따라, 거룩을 생명처럼 생각하고 성령의 도우심을 힘입어 거룩한 삶에 집중해야 한다.

본질에 충실해야 한다. 만일 목회자가 지금까지 지엽적이고 비본질적인 사역들에 에너지를 낭비하며 신뢰를 잃어왔다면, 이제부터는 성경의 원리와 방법대로 본질적인 사역에 집중하는 것을 행동으로 보여 줘야 한다. 본질적인 사역에 생명을 걸 정도로 충실하면서 역량을 키

흩어지는 목회

우는 것이 신뢰 구축을 위한 좋은 지름길이라고 볼 수 있다.

"끝으로 형제들아 무엇에든지 참되며 무엇에든지 경건하며 무엇에든지 옳
으며 무엇에든지 정결하며 무엇에든지 사랑 받을 만하며 무엇에든지 칭
찬 받을 만하며 무슨 덕이 있든지 무슨 기림이 있든지 이것들을 생각하라."
_빌 4:8

잘못을 솔직히 인정해야 한다. 상대방의 마음을 알고 이해하기 위해
서는 관계의 기술이나 지식보다 진심이 더 중요하다. 형식과 가식으
로는 상대방의 마음을 얻을 수 없다. 변명이나 핑계보다는 자신의 나
약함, 무지함, 혹은 범죄, 실수 등을 있는 그대로 하나님과 공동체 앞
에 공개하고 사과하는 것이다. 신중하지 못했던 말이나 행동들을 솔
직하게 고백하는 것이 중요하다.

시인 다윗처럼 "내가 여호와의 목전에서 악을 행하였나이다"(시 51:4)
라고 고백하며, 신뢰 회복을 위해서라면 어떠한 어려움과 노력도 아
끼지 말아야 한다. 잃었던 신뢰를 회복하는 데 걸리는 시간만큼 인내
하는 길 밖에 없다.

"그러므로 어디서 떨어졌는지를 생각하고 회개하여 처음 행위를 가지라 만일 그리하지 아니하고 회개하지 아니하면 내가 네게 가서 네 촛대를 그 자리에서 옮기리라." _계 2:5

흩어지는 목회

균형 잡힌 삶,
균형 있는 목회

균형 잡힌 삶

인체는 균형을 잃으면 쓰러진다. 단체나 기관이나 국가, 교회도 균형을 잃으면 혼란에 빠지고 생명력이 없어진다.

한국 교회가 얼마나 심각하게 극단적으로 흘러가고 있는가! 많은 교인들이 이원론적 신앙으로 일상적인 일과 주의 일을 분리시켜 생활함으로, 세상 속에서는 그리스도인을 찾아보기가 힘든 상황에 이르렀다. 거짓말 잘하는 사람을 믿음이 좋다고 말하거나 기독교적인 가치관이 전혀 없이 사는 사람을 보고 성령충만하다고 말한다. 얼마나 어처구니없는 모습인가? 교회와 가정과 직장에서의 모습이 너무 다르다. 두 얼굴이 아닌 세 얼굴로 나타나고 있다. 삶이 기형적이라는 특징을 가진 이단들과 마찬가지로, 일반 교회에도 한쪽으로 치우쳐 종교에 중독된 모습들이 얼마나 많은가. 이런 종교인들로 인해 교회가 세상으로부터 지탄을 받고, 하나님 나라 확장에 막대한 지장을 받고 있다. 전적으로 목회자들의 책임이다.

성경은 전체를 통틀어 하나님과의 관계, 이웃과의 관계의 균형을 말하고 있다. 극단적인 목회자들이 교회에서 성도들에게 가르치는 것을 보면 수직적인 하나님과의 관계만 계속 강조한다. 하나님과의 바른 관계 속에서, 구원 받은 하나님 나라 백성이 이 땅을 살아가는 도리인 윤리적이고 도덕적인 삶을 가르치는 일을 소홀히 하고 있다. 즉, 영성만 강조하고 복음에 기초한 윤리적이고 도덕적인 거룩한 삶에 대해서는 가르치지 않는다. 이런 사람들이 성령론과 요한계시록을 잘못 강조하며 가르쳐 사회적 물의를 일으키고 있다. 그 결과 기독교인들이 세상 속에서 영향력을 전혀 발휘하지 못하는 것은 물론이고, 세상 사람들로부터 손가락질 받는 형편이다.

이사야 1장에는 수직적인 하나님과의 관계만 강조하며 수평적인 이웃과의 관계를 외면했던 이스라엘 백성들의 모습이 나온다. 그들은 하나님과는 직통한다면서 절기, 월삭, 안식일, 헌금은 잘했지만 세상에 나가서는 부도덕한 일을 서슴지 않았다. 가난한 자를 학대하고 불의한 재판을 일삼으며, 약한 자를 탈취하면서도 회개할 줄 몰랐다. 그때 하나님은 이사야 선지자를 통해 이스라엘 백성들이 드리는 것을 아무것도 받지 않겠다고 선언하셨다. 헛된 제물과 제사와 절기를 가

증히 여기시고, 그들이 하나님께 나아와 드리는 기도도 거부하셨다. 기도하는 그들의 손에 피가 가득했기 때문이었다.

많은 영성학자들은 참된 경건은 '균형'이라 말한다. 하나님 앞에서 사는 경건한 삶은 곧 균형 잡힌 삶이다. 우리 예수님을 보라. "예수는 지혜와 키가 자라가며 하나님과 사람에게 더욱 사랑스러워 가시더라"(눅 2:52).

이방 땅에서 나그네로 살던 아브라함도 아내 사라가 세상을 떠났을 때 은 400세겔로 무덤을 구입하며 헷 족속에게 인정받았다(창 23:6). 초대교회 성도들도 하나님과의 관계와 사람과의 관계에서 아름다운 균형을 이루었다. "하나님을 찬미하며 또 온 백성에게 칭송을 받으니 주께서 구원 받는 사람을 날마다 더하게 하시니라"(행 2:47). "만나매 안디옥에 데리고 와서 둘이 교회에 일 년간 모여 있어 큰 무리를 가르쳤고 제자들이 안디옥에서 비로소 그리스도인이라 일컬음을 받게 되었더라"(행 11:26).

성경 전체에서 균형을 강조하고 있다. 구약의 선지서 열아홉 권에서는 모두 '균형'을 말씀하고 있다. 전반부는 공의의 하나님, 후반부는 사랑의 하나님을 말씀한다. 바울서신 열세 권도 마찬가지다. 전반부는 어떻게 믿어야 하는가를, 후반부는 어떻게 살아야 하는가를 교훈한다. 그리스도인은 가정과 교회와 직장 등 삶의 모든 영역에서 균형 잡힌 삶을 통해서 주님의 주 되심을 드러내야 한다.

"그러나 너희는 택하신 족속이요 왕 같은 제사장들이요 거룩한 나라요 그의 소유가 된 백성이니 이는 너희를 어두운 데서 불러내어 그의 기이한 빛에 들어가게 하신 이의 아름다운 덕을 선포하게 하려 하심이라." _벧전 2:9

영성과 인성의 균형

한국 교회는 영성에 대해서 많이 오해하고 있다. 종교개혁자들은 영성 못지않게 인성을 강조하였다. 또 영성과 인성을 분리시켜 생각하지 않았다. 그러나 오늘날 근본주의적 목회관을 가진 사람들은 영성과 초월성만 강조한 결과로 관용성, 사회성, 윤리성, 친밀성 등에서 많은 문제점이 드러나고 있다.

참된 영성을 한마디로 정의하기는 쉽지 않지만 성경에서 말하는 참된 영성은 균형을 이루어야 한다. 지금까지 한국 교회는 하나님과의 수직적인 영성, 위로부터의 영성만 강조해왔고, 자신과 이웃과 관계되는 수평적인 영성에는 관심이 없었다. 그 결과 그리스도인이라 하면서도 기형적으로 신앙생활하고 있는 경우가 많다. 복음에 기초한 윤리성이나 도덕성과 거룩성의 결여로 세상으로부터 지탄을 많이 받고 있다.

참된 영성은 관계라 볼 수 있는데, 영성을 하나님과의 관계에서만 생각해서는 안 된다. 하나님과의 바른 관계는 이웃과의 바른 관계를 통해 입증되어야 한다(요일4:20). 경건의 모양만이 아니라 이론과 실제가 있는 삶 자체가 영성이다. 영성이 좋다는 것은 성령의 역사와 도우심으로 균형 잡힌 성숙한 그리스도인으로 사는 것이다.

바울은 믿음의 아들 디모데에게 참된 영성과 영적 성숙이 무엇인지를 세 가지로 가르쳐 주고 있다. 첫째로 청결한 마음, 둘째로 선한 양심, 셋째로 참 믿음이다(딤전 1:5).

영성이 있노라 말하면서도 거룩한 삶을 통해 주변에 선한 영향력을 끼치지 않으면 울리는 꽹과리일 뿐이다. 규모가 있는 교회에서 목회하면 영성이 있고 교회가 작으면 영성이 없는 것처럼 단정하는 것은 비성경적인 생각이다. 리처드 포스터(Richard J. Foster)는 "영성 훈련의 최종 목표는 예수 그리스도의 성품을 삶 속에서 만들어내는 것이다"라고 말했다.

세상은 교회를 향해 계속해서 자신과 다르다는 것을 거룩한 삶으로 보여 달라고 외치고 있다. 이 시대의 영적 거성으로 알려진 유진 피터슨은 하나님에 대한 평생에 걸친 믿음의 헌신이 영성의 본질이며, 하나님을 향해 신앙인으로 사는 것이 참된 영성이라고 말한다. 제임스 패커(James I. Packer)는 오늘날 그리스도인들이 거룩한 영성을 추구하지만 거룩한 삶은 외면하고 있다고 말하며, 거룩함은 영성과 도덕성이란 두 개의 기둥에 놓인 아치와 같아서 두 기둥 중 어느 하나가 가라앉으면 반드시 무너지게 되어 있다고 경고한다. 영성의 균형을 강조한 것이다.

성령의 아홉 가지 열매를 100퍼센트 갖춘 분은 예수님 밖에 없다. 그러므로 성령충만한 사람은 예수님 닮은 사람으로서, 하나님과 이웃과 자신과의 관계에 균형을 이룬 사람이다. 이러한 사람을 가리켜 균형 잡힌 참된 영성의 사람이라고 성경은 말하고 있다. 아브라함, 요셉, 사무엘, 다윗과 같이 세상의 믿지 않는 사람들로부터 '하나님이 함께 하는 사람'이라고 인정받는 사람이 참된 영성의 소유자이다. 이처럼 한국 교회는 관계와 균형의 영성이 필요하다. 특히 이웃을 사랑하고 섬기는 영성이 절실히 요청된다.

그리스도인으로서 지상에 머무는 동안 지향해야 할 최고의 과제와 목표는 예수 그리스도의 인격과 삶을 닮아가는 것이다. 그분이 예비하신 영원한 본향에 이를 때까지 그분을 더 가까이하며, 더 알아가며, 더 깊이 사랑하며 사는 것이다. 내적으로는 그분의 형상으로 회복해 가는 것이다. 그리스도인의 최고의 소원은 하나님 나라 비전을 품고 예수님처럼 그리고 초대교회 성도들처럼 균형 있는 사람으로 살아가는 것이다.

균형 있는 목회

목회 사역에 있어 균형은 성숙의 필수 요소이며 매력이고 조화일뿐 아니라, 아름다움이며 멋이다. 교회 크기보다 더 중요한 것이 균형이다. 지도력에도 생각과 사상과 행동에 있어서 균형을 잃어버리면 끝이다.

혹 어떤 목회자들은 지금은 성령 시대이니 성경공부나 제자훈련이나 소그룹 목회가 필요 없다고 주장한다. 성령 목회가 최고라고 강조한다. 어떤 이는 "양육이 왜 필요하냐? 성령의 충만함을 받으면 다 되는데 왜 복잡한 훈련 과정을 거치느냐? 그냥 평안하게 예수 믿는 것이 좋다"라고 말한다. 한마디로 균형과 조화를 잃어버린 극단적인 목회를 생각하는 것이다. 부분적인 것, 수단적인 것들을 목회의 본질로 생각하고 나아가는 것이다.

교회의 사명에서도 네 가지를 말하고 있다. 예배, 훈련, 봉사, 증거이다. 많은 사람들이 코로나 이후 큰 공동체에서 행해지는 예배가 얼마나 중요한가를 깨닫게 되었다. 그러나 많은 교회들이 기초공동체인 소그룹이 무너져가고 있는 현상에는 무감각하다. 균형을 회복해야 한다.

나는 화평공동체 안에서 '균형'을 굉장히 중요시하고 있다. 성도들에게 균형 잡힌 삶을 가르치고 보여주고 있다. 사역에서도 마찬가지이다. 극단을 피하고, 부분적인 것을 보편화시키지 않으며, 주관적인 체험을 객관화시키지 않도록 가르친다. 균형과 조화를 중요하게 생각하여 큰 공동체인 화평교회와 기초공동체인 가정교회 소그룹이 균형을 이루게 하며, 서로 독립적이면서도 보완하는 유기적 관계를 갖게 하고 있다. 크기 때문에 강점과 약점이 있고 작기 때문에 강점과 약점이 있기에, 서로 보완하여 균형과 조화를 이루게 되는 것이다. 제자훈련과 가정교회도 마찬가지이다. 제자훈련은 소그룹 지도자를 배출해내는 과정으로서 중요하고, 가정교회는 훈련 후 평신도사역자들이 자신이 가진 은사와 역량을 마음껏 발휘할 수 있는 사역의 현장이기에 소중하다.

균형 있는 목회를 해나갈 때 공동체가 힘이 있고, 관계 중심으로 교회가 하나가 되고, 질서가 있고 평안하다. 온 성도들이 같은 비전을 공유하고 같은 방향을 향하여 함께 나아가니 교회생활이 행복한 것이다.

흩어지는 목회

섬기는
지도자

수년 전 성지순례 시, 갈릴리 바다 건너 베드로가 살던 옛 집터에 갔을 때 안내자가 여행객들에게 들려준 이야기가 아직도 잊히지 않는다. 예수님과 그의 제자들은 베드로의 아내로부터 많은 미움을 받았다. 왜냐하면 그들이 베드로의 집에 자주 와서 먹고 마시고 자면서 말씀을 가르치시고 교제하며 지내니, 베드로의 아내가 뒷바라지하기에 너무 힘들고 피곤했기 때문이었다. 그러다가 자신의 어머니가 열병에 걸렸을 때 예수님이 고쳐주시자 그 이후로는 예수님과 제자들에게 무척이나 잘했다는 이야기다.

이 이야기의 사실여부를 떠나서, 나는 베드로 집에 자주 들러 제자들과 지내시던 예수님의 모습을 떠올리면서, '예수님은 섬기는 지도자로 제자들과 거리감(부담) 없이 언제나 가까이 하시고 함께하셨구나! 나도 그렇게 성도들을 가까이 대해야겠다!' 하는 생각이 강하게 들었다. 진정한 리더십은 함께하며 섬기는 데서 나오기 때문이다.

"인자가 온 것은 섬김을 받으려 함이 아니라 도리어 섬기려 하고 자기 목숨을 많은 사람의 대속물로 주려 함이니라."_막 10:45

우리의 구세주이신 예수께서는 섬기러 오셨고 섬기는 자로 사셨다. 하나님이신 그 분이 하나님 됨을 포기하시고 성육신하셨다. 그렇다면 교회도 스스로 낮아져 철저히 섬김의 공동체가 되어야 한다.

그러나 오늘날 교회가 섬김의 공동체가 되지 못하고 있다. 권위주의, 계급주의, 직분주의가 교회 안에 고착되어 있다. 교회가 수평적이어야 하는데 그렇지 못한 경우가 많다. 만인제사장이란 말은 슬로건에 불과하고 사제주의가 뿌리박혀 있다. 지연과 학연과 혈연 중심에서 벗어나지 못하고 있다. 주님은 이런 것들을 타파하러 오셨다(요 4:3-4 참조). 한국 교회는 성경적인 섬김의 공동체라기보다는 유교적 공동체로 화석같이 굳어져 버렸고, 리더십 스타일도 중앙집권식으로 굳어져 있다.

교회 공동체 안에서 권장해야 할 리더십은 서번트(servant) 리더십이다. 화평공동체가 섬김의 공동체가 되기 위해서 담임목사인 나부터 섬기는 자로 살려고 노력한다. 강대상에서 말씀 전하는 것 외에는 평신도와 같다는 생각을 가지고 목회하고 있다. 성도들을 기도와 말씀으로 섬기는 것은 당연한 일이며, 특히 기회가 되는 대로 식사 대접하는 일도 솔선수범하려고 노력한다. 제자훈련이나 각 소그룹 모임 시 첫 모임은 내가 대접하고, 외부에서도 어떤 모임이든 첫 번째는 내가 대접하려고 노력한다. 우연히 식당에서 성도들을 만나면 내가 얼른 밥값을 내고 나올 때가 많다.

주일 점심식사도 성도들과 혹 교역자들과 함께 한다. 주보나 행사 순서지에 이름을 표기할 경우 모든 순서는 '가나다'순으로 한다. 득표순이나 경륜이나 나이순으로 하지 않는다. 화평교회 장로나 안수집사, 시무권사들은 주방 봉사, 청소 봉사 등 힘든 일에 예외가 없다. 오히려 솔선수범하여 더 많이 봉사한다. 모두 가정교회 사역에 열심을 내고 평신도사역자로서 가원들을 늘 섬기고 있다. 사랑으로 남을 섬길 때 변화와 성숙을 경험하게 된다.

"그는 근본 하나님의 본체시나 하나님과 동등됨을 취할 것으로 여기지 아니하시고 오히려 자기를 비워 종의 형체를 가지사 사람들과 같이 되셨고 사람의 모양으로 나타나사 자기를 낮추시고 죽기까지 복종하셨으니 곧 십자가에 죽으심이라." _빌 2:6-8

목회자의 위치에 있다보면 받는 데 익숙해지기가 쉽다. 어떤 때는 이렇게 대접을 받아도 되는가, 이렇게 잘 먹고 잘 살아도 되는가 싶을 때가 있다. 모아놓은 물질은 하나도 없어도 너무 잘 지내고 잘 살고 잘 먹는 것 같다는 생각이 많이 든다. 특히 어려운 상황 속에 있는 성도들을 생각하면, 또 열악한 환경에서 하루하루 힘들게 지내는 주변 사람들을 보면 하나님께 죄책감이 들 때도 많고 그러한 분들에게 미안한 마음이 든다. 약한 자, 가난한 자, 외로운 사람부터 섬기는 일에 우선순위를 두고 목회를 하려고 애써보지만 잘 안 되는 게 사실이다.

우리 교회에 등록하는 분들에게서 자주 듣는 말이 있다. "목사님은 권위적이지 않아서 좋아요", "부담 없는 동네 아저씨 같아요", "시골 된장 맛 나는 아저씨 같아서 좋습니다." 나를 만나러 처음 오는 분들이나 교회 주변에서 나를 우연히 만나게 된 분들이 처음부터 화평교회 담임목사로 알아보거나 쉽게 인정하는 경우가 거의 없는 것 같다. 관리집사나 전도사로 보는 경우가 태반이었다. 나중에 화평교회 담임목사라는 것을 알고 정말로 깜짝 놀라는 경우가 많았다. 목사 같지 않은 나의 평범한 모습, 부담 없는 아저씨 같은 모습 때문인가보다 생각한다.

사람들이 나를 그렇게 봐주는 것이 너무 좋다. 앞으로도 그런 목사로 주변 사람에게 비쳐졌으면 좋겠다. 우리 예수님처럼 누구나가 좋아하는 사람, 가까이 하기에 편한 사람, 그런 목사가 되고 싶다. 우리 예수님처럼 바울처럼 나는 섬기는 목사로 계속 공동체를 세워나가고 싶다.

"그는 주 앞에서 자라나기를 연한 순 같고 마른 땅에서 나온 뿌리 같아서 고운 모양도 없고 풍채도 없은즉 우리가 보기에 흠모할 만한 아름다운 것이 없도다." _사 53:2

교회는
유기적 섬김의 공동체이다!

바다처럼
목회하고 싶었다

예수님처럼 목회하고 싶다

예수께서 사역하실 때 계속 딴지를 걸고 예수님과 격렬하게 논쟁하며 부딪혔던 사람들은 바리새인과 사두개인들이었다. 또 금욕과 금식을 강조하며 시대적 흐름에 역행했던 쿰란파와 열심당원들이 있었다. 뿐만 아니라 예수님 주변에는 빈부귀천 남녀노소를 막론하고 사람들이 쉴 새 없이 몰려들었다.

이렇게 다양한 사람들을 예수님은 한 번도 외면하거나 소홀히 대하지 않으셨다. 또 어느 쪽이나 어느 편에 속하여 대항하지 않으셨다. 자신의 욕심을 따라 시위하거나 청중을 동원하지 않으셨다. 언제나 다 사랑하시고 다 품어주시고 가까이 해주셨다. 누구나 접근하기에

흩어지는 목회

편한 분이셨고, 소외되고 연약한 이에게 더 관심을 쏟으셨다. 어떤 유형의 사람이든 다 사랑하시고 알아주시고 이해해주시며, 오직 하나님 나라 선포에 온 생을 바치셨다. 이러한 예수님의 리더십이 목회자가 가져야 할 리더십이다.

예수님이 우리에게 보여주신 리더십은 목자형 리더십이다. "나는 선한 목자라 나는 내 양을 알고 양도 나를 아는 것이 아버지께서 나를 아시고 내가 아버지를 아는 것 같으니 나는 양을 위하여 목숨을 버리노라"(요 10:14-15) 선한 목자의 특징은 첫째, 양떼를 안다. 둘째, 양떼를 위하여 생명을 버린다.

내 양이 아닌 주님의 양을 우리에게 위임하셨으니, 목회자는 주님의 양떼를 사유화하지 말아야 한다. 목회자는 선한 목자장 되시는 예수님을 본받아 부지런히 살피고 돌보고 사랑하는 것을 우선으로 생각해야 한다. 예수께서는 선한 목자는 양떼를 돌보는 일을 위해 생명까지도 기꺼이 바칠 수 있어야 함을 강조하셨고, 양떼를 사랑하는 자에게 그분의 양을 맡기시겠다고 말씀하셨다.

그렇다면 우리는 주님의 양떼를 돌보는 일에 얼마나 헌신하며 희생하고 있는가? 주님이 피 흘려 값 주고 산 양떼를 얼마나 사랑하고 있는가? 우리 주님처럼 양떼를 잘 돌보고 있는가?

담임목회자나 부교역자, 평신도사역자와 교사들의 자격을 논할 때 첫째로 꼽고 싶은 것이 돌봄이다. 목회자는 사람을 대할 때 피상적이고 추상적으로 혹은 형식적, 의무적, 획일적으로 대해서는 안 된다. 한 사람 한 사람을 귀하게 여기며 인격적인 존재로 존중하고 상대방의 정황을 알고 거기에 맞게 상세히 돌보고 섬기는 것이 예수님이 보여주신 돌봄의 모델이다. 모든 사람을 '주께 하듯이' 대하는 것이다.

"문지기는 그를 위하여 문을 열고 양은 그의 음성을 듣나니 그가 자기 양의 이름을 각각 불러 인도하여 내느니라." _요 10:3

양떼를 무리로만 대하는 것이 아니라 양의 이름을 하나하나 불러 인도하듯, 한 사람 한 사람을 귀하게 여기며 기도하며 돌보는 것이다. 예수님은 제자들을 포함하여 모든 자들을 돌보시되 특히 약하고 가난한 자와 소외되고 병든 자를 우선시하시며 함께하신 것을 볼 수 있다. 예수께서는 선한 목자로서 양떼를 사랑하사 그들을 위하여 목숨을 버리셨다.

요한복음 21장은 예수님의 목회를 배울 수 있는 현장이다. 예수님을 배신하고 옛 생활로 돌아간 제자들에게 부활하신 예수그리스도께서 먼저 찾아가시고 필요를 채워주시며, 끝까지 사랑하시고 "내 양을 치라"하시며 사역을 위임하시는 것을 볼 수 있다. 결국 그의 제자들 모두는 부활의 증인으로서 힘 있게 사역하다가 순교의 영광을 차지하게 되었다.

제자훈련의 대헌장이라고 불리는 골로새서 1장 28절은 "우리가 그를 전파하여 각 사람을 권하고 모든 지혜로 각 사람을 가르침은 각 사람을 그리스도 안에서 완전한 자로 세우려 함이니"라고 말씀한다.

바울처럼 목회하고 싶다

로마서 16장은 바울이 어떻게 목회했는지 잘 보여준다. 바울의 목회는 돌봄의 목회, 한 사람 목회, 격려의 목회다.

예수님을 가장 많이 닮았다고 볼 수 있는 바울은 그가 세운 교회와 성도들을 얼마나 잘 돌보았는지 모른다. 4차에 걸친 전도여행과 그가 집필한 열세 권의 서신서를 보면, 공동체와 양떼들을 돌보고 세우는 일을 위해 자신의 생명을 아끼지 않은 것을 쉽게 발견할 수 있다. 특히 로마서 16장에는 평생 고와 낙을 같이했던 평신도사역자들의 이름을 한 사람씩 불러가며 로마교회에 추천하고 있는 것을 볼 수 있다. 그의 서신 마지막 부분에서는 임종을 앞에 둔 순간까지도 자신의 사역을 함께 동역했던 사역자들을 보고 싶어 하며, 돌봄과 관심과 부탁을 아끼지 않았던 것을 볼 수 있다. 로마, 고린도, 에베소, 데살로니가, 아시아, 유럽 등에서 낮과 밤을 가리지 않고 주께서 피 흘려 값 주고 사신 교회와 성도들을 돌보며 사랑하며 인내하며 기도로 목회했다.

우리 주님이 보여주신 목회, 바울이 보여준 목회에서 본받고 싶은 것이 많다. 그래서 우리도 매년 교역자 수련회나 연초 모임 시 부교역자들과 함께 꼭 하는 것이 있다. 그것은 다름 아닌 담당 광역 식구들이나 담당 교회학교 어린이나 학생들의 이름을 암기하여 써내는 테스트이다. 그 다음은 맡겨진 양떼들의 형편이나 정황을 알아보고 묵상하고 매일 이름을 불러가며 하나하나 기도하는 것이다. 담임목사인 나는 전체 평신도사역자들의 가족 이름을 암기하여 형편과 기도 제목을 놓고 이름을 불러가며 새벽에 나와 기도한다.

교역자를 청빙할 때도 양떼에 대한 사랑과 관심과 돌봄에 대한 사명이 어느 정도인지를 집중적으로 질문하며 살펴본다. 그만큼 교역자들은 성도를 자나 깨나 살피고 돌보는 일을 중요시하고 그 일을 사명으로 생각해야 하기 때문이다. 목회자는 마치 의사가 환자를 치료하듯이 돌보아야 한다. 의사가 진단하고 치료나 처방하는 것처럼 주께서 맡기신 양들에 대한 세심한 돌봄이 필요한 것이다.

나도 돌봄의 사역을 잘하기 위하여 몇 가지 평상시에 원칙을 세워 놓고 있다.

첫째, 나를 만나기 원하는 사람에게 언제든지 달려간다. (따라서 나와 통화하기 원하는 사람을 위해 휴대폰은 항상 오픈되어 있다.)

둘째, 소외되고 연약한 성도를 찾아 섬기는 일을 최우선으로 한다.

셋째, 새가족이나 입원한 식구들, 상을 당한 식구들을 방문하는 일에 결코 소홀하지 않는다.

넷째, 돌봄의 우선순위를 정하여(가난한 자, 병든 자, 노약자, 평신도사역자) 실천한다. 성도의 숫자가 아무리 많아도 우선순위를 정하고 목회하면 성도들을 잘 돌볼 수 있으며, 부교역자나 평신도사역자에게 사역 위임이 잘 이루어지면 양떼를 효율적으로 잘 살필 수가 있다.

목회자가 목회 사역에 있어서 가장 발휘해야 할 리더십은 목자 리더십이다. 목회자가 돌봄의 사역을 잘 한다면 성도들이 위로 받고 힘을 얻으며, 다시금 일어설 수 있을 것이다.

"너희가 그 연약한 자를 강하게 아니하며 병든 자를 고치지 아니하며 상한 자를 싸매주지 아니하며 쫓기는 자를 돌아오게 하지 아니하며 잃어버린 자를 찾지 아니하고 다만 포악으로 그것들을 다스렸도다." _겔 34:4

바다처럼 목회하고 싶다

요즘의 바다는 해양쓰레기 문제와 대기오염으로 인한 해수면 온도 상승, 잦은 바닷속 지진으로 인한 해일 등으로 우리를 불안에 떨게 한다. 그러나 오랜 세월동안 바다는 인류에게 생명과 희망을 주고 있다. 2012년에 여수 해양엑스포박람회를 참관하면서 나는 바다처럼 목회해야겠다고 굳게 결심했다. 바다는 인류를 위해, 또 하나님이 지으신 지구 보존을 위해 엄청난 일을 감당하고 있음을 깊이 묵상할 수가 있었다.

세계인이 쓰고 있는 석유의 3분의 1이 바다에서 나오고, 이산화탄소의 75퍼센트를 바다가 흡수하며, 인류가 마시는 산소의 70퍼센트 이상을 바다가 발산하고 있다고 한다. 특히 지구의 거대한 생명나무이며 허파라고 불리는 아마존강은 전 세계의 산소의 20퍼센트를 만들어 내고 있다. 또 세계 생물의 70퍼센트 이상이 바다에서 나오고 세계 인구의 70퍼센트 이상이 해안가에서 살고 있다. 오늘날 지구온난화 현상이 심각한데 바닷물이 지구에서 발생하는 열의 절반 이상을 흡수하여 식히고 있다는 것이다. 더군다나 바다는 강물을 통해 유입되는 모든 것들을 다 수용한다. 다 받아들이고 정화시키며 모든 인류에게 큰 유익을 돌려준다. 그야말로 바다는 지구의 심장이다. 그래서 나는 '아! 나도 바다처럼 교회 내 다양한 성도들을 다 받아주고 품어주며, 섬겨주고 힘을 주고 안아주어야겠구나!'라는 생각을 했다.

나는 바다처럼 목회 사역을 해왔는가? 하나님의 영광을 위해 모든 사람을 품고 사랑하며 섬겨왔는가? 바다처럼 모든 사람에게 유익을 주고 보탬을 주는가? 바다처럼 넓은 마음 가지고 누구나 다 이해하며 가리지 않고 수용하고 있는가? 정말 바다처럼 목회하고 싶다. 평생을 낮이나 밤이나 때를 가리지 않고 주께서 맡겨주신 양떼들을 돌보고 섬기고 가르치는 일에 (아쉬운 부분도 있지만) 주의 은혜를 힘입어 최선을 다해온 것 같다. 그 결과로 목회의 보람과 열매가 풍성한 것 같다.

예수님처럼, 바울처럼
다 품고 사랑하며 잘 돌보게 하옵소서!

©양선아

훈련과 사역으로
함께 성장한다

화평교회의 개척 설립 비전은 '배우고 가르치며 행하는 교회'였다. 이 비전을 바탕으로 지금까지 변함없이 달려온 결과, 건강한 공동체로 성장할 수가 있었다. 화평교회의 최대 자랑은 교인 수나 건물, 예산이 아니라 그 나라, 그 영광, 그 뜻을 위하여 자신이 가지고 있는 역량, 은사로 헌신하고자 하는 평신도사역자들이 많다는 것이다. 또 그렇게 드릴 수 있는 소그룹 가정교회의 환경이 있다는 것이다.

무엇보다도 사람 세우는 제자훈련 사역과 공동체성을 지향하는 가정교회소그룹 사역으로 36년간 일관되게 걸어왔다. 훈련과 섬김의 사역에 집중해온 것이다.

영적 지도자를 세우신 이유가 무엇인가?

"그가 어떤 사람은 사도로, 어떤 사람은 선지자로, 어떤 사람은 복음 전하는 자로, 어떤 사람은 목사와 교사로 삼으셨으니 이는 성도를 온전하게 하여 봉사의 일을 하게 하며 그리스도의 몸을 세우려 하심이라." _엡 4:11-12

하나님께서 영적 지도자를 세우신 목적은 첫째로 성도를 훈련하여 온전케 하는 일과 둘째로 그리스도의 몸 된 지체로서 봉사(사역) 일을 하게 하기 위함이다. 그러나 한국 교회의 현실을 보면 목회자들이 이 일들을 너무 소홀히 하고 있다. 교육훈련이나 제자훈련을 하지 않는 교회도 많고 직분만 가지고 사역하지 않는 교회, 또 훈련은 하지만 사역을 주지 않는 교회, 훈련 없이 사역만 하게 하는 교회가 있다. 가장 이상적인 교회는 성도를 교육, 훈련으로 구비시키고 받은 은사대로 충성스럽게 사역하게 하는 교회이다.

한국 교회 안에는 영적 미숙아들이 너무 많다. 그리스도의 장성한 분량이 충만한 데까지 자라가야 하는데, 원초적인 신앙에 그냥 머물러 있다. 회심 이후의 성화에는 관심이 없다. 왜 이러한 현상이 계속되는가? 왜 영적인 변화와 성숙이 일어나지 않고 있는가? 그것은 바로 훈련과 사역을 하지 않기 때문이다. 사람의 변화와 성숙은 1차적으로는 훈련을 통해서 이루어진다. 그리고 훈련된 사람들이 사역(봉사)할 때 그리스도의 제자로 더욱 성숙해져가는 것이다. 성령의 은혜로 하늘에 계신 아버지의 온전하심과 같이 조금씩 자라가는 것이다.

왜 성도를 온전케 하는 교육과 훈련을 하지 않는가? 예수님은 이 땅에 오셔서 가르치시고 전파하는 사역에 집중하셨다. 특히, 전파하는 케리그마(κῆρυγμα)보다는 가르치는 디다케(διδαχή)를 훨씬 더 많이 하셨다. 복음서를 살펴보면 그 비율이 4:6 정도로 나타난다. 그러나 한국 교회 목회자들은 예수님이 목회하신 것처럼 하지 않고 있다. 가르치는 사역보다 전파하는 사역(설교)에만 집중하고 있다. 그리고 훈련된 사람들이 마음껏 사역할 수 있는 환경과 현장이 준비되어 있지 않다. 화평교회 식구들은 제자훈련을 통하여 준비된 사람들이 자신이 가지고 있는 시간과 물질과 은사와 역량을 다하여 사역할 수 있는 현장이 있어서 감사한다. 마치 개척교회와 같은 가정교회 소그룹이 바로 그것이다.

제자훈련을 통하여 하나님의 사람으로 세움 받아 그 나라와 영광을 위하여 마음껏 사역할 수 있는 소그룹 가정교회 현장에 투입되니 얼

사람의 변화와 성숙은 어떻게 이루어지는가?

성도들이 변화되고 성숙되기를 원한다면

☑ 훈련사역에 집중하라.

☑ 재능과 은사에 맞는 사역을 맡기라.

☑ 성령의 역사와 도우심을 구하라.

흩어지는 목회

마나 감사한 일인지. 예수님은 제자들을 3년 동안 훈련시킨 후에 세상으로 내보내셨다(마 10:16, 요 20:21). 성경적인 바른 목회, 주님이 세우셨던 교회를 세우기 위하여 절실히 요구되는 것은 두 가지이다. 첫째는 사람을 세우는 제자훈련이고 두 번째는 사역(섬김)의 현장을 마련해주는 일이다.

목회 사역 초반에 나는 전파하는 케리그마 사역에 집중해왔다. 창세기부터 차례로 신약에 이르기까지 주일 낮이든 수요일이든 강해설교로 차례대로, 때로는 때와 상황에 따라 책별로 설교해 왔다. 그러나 차차 케리그마(설교)보다는 디다케(가르침) 사역에 더 많은 시간과 연구와 섬김에 집중했다. 특히 제자훈련을 비롯한 교육훈련 소그룹으로 수천 명을 섬겼다. 그리고 가정교회 소그룹 모임과 평신도 지도자 모임에서의 디다케에 내 목회 에너지의 70퍼센트 이상을 할애했다. 매주 소그룹 가정교회 지도자 모임을 위해 주일 오후 예배와 남녀 전도회를 없애기까지 했다. 그만큼 소그룹 평신도사역자에 대한 계속적인 훈련과 돌봄이 중차대한 급선무였기 때문이다.

화평교회 교육과 훈련 프로그램은, 새가족반(5주), 양육반(13주), 제자반(32주), 지도자반(16주), 전도폭발반, 신입 가정교회 지도자 훈련 및 세미나, 부모역할반 APT(16주), 신구약반, 어성경반, 교사훈련반 등 매년 수십 명, 수백 명씩 소그룹, 중그룹, 대그룹으로 모여 주일과 주간 중에 일반 학교처럼 말씀을 가르치고 훈련하는 일에 집중해 왔다.

그리고 교육, 훈련 이후에는 받은 은사대로 역량에 맞게 사역(봉사)이

연결된다. 훈련(교육)과 사역(봉사)이 조화롭게 이루어질 때 건강한 성도, 건강한 공동체로 함께 성장할 수 있다는 것을 잊지 말아야 한다.

"내가 너희에게 분부한 모든 것을 가르쳐 지키게 하라 볼지어다 내가 세상 끝날까지 너희와 항상 함께 있으리라 하시니라." _마 28:20

가장
행복한 사람

화평교회를 개척한 후 37년의 목회 여정을 돌아보면 항상 목회가 행복했다고 표현하고 싶다. 흩어진교회로 와서 4년을 지내면서 코로나 팬데믹으로 3년 반을 보냈어도 지금이 목회의 행복지수가 최고로 높은 것 같다. 전에 비하여 모든 면에서 비할 데 없이 열악하며 작은 공간, 적은 교인, 적은 예산이지만 환경을 초월해서 목회가 참 즐겁고 행복하다.

　나는 목회가 즐겁다. 목회가 너무 행복하다. 목회 사역이 쉬워서가 아니다. 주를 위하여 교회와 성도들을 위하여 맘껏 고생하며(그렇게 고생하는 것도 아니지만) 살 수 있다는 자체가 너무 감사하다. 사랑하는 성도들과 함께 예배하고 나누며 훈련하는 것도 너무 좋다.

내가 가장 좋아하는 것이 무엇일까? 내가 가장 잘 할 수 있는 것이 무엇일까? 아무리 생각해 보아도 목회인 것 같다.

나는 사람들을 만나는 것이 좋고, 섬기고 돌보는 것이 재미있다. 책 보고 공부하는 것도 좋고, 다양한 부류의 사람들을 만나는 것도 좋다. 뭔가 목회의 새로운 일들을 계획하고 창출해내는 것이 보람과 재미가 있다. 그들의 고민을 들어주고 기도해줌으로써 격려해줄 때 치유되고 기뻐하는 모습을 보는 것 그 자체가 너무 행복하다.

목회는 '종합예술'이다. 목회하려면 '만물박사'가 되어야 한다. 맞는 말 같지만 그렇지도 않다. 그것보다 더 중요한 것은 신뢰 관계이고 그 바탕 위에 역량과 인품을 쌓아 가는 것이라 생각한다. 시인 천상병이 말한 것처럼 소풍 같은 인생, 소풍목회를 해야겠다는 생각을 가지고 목회한다. 힘들고 피곤하고 괴롭고 복잡한 문제가 왜 없겠는가? 갖가지 문제가 들이닥쳐도 그것을 극복해 나가고 하나하나 해결해 나갈 것을 생각하면 기대가 된다. 그 과정 속에서도 즐겨보려 애쓴다. 그 문제 자체를 문제로 보기보다는 힘들고 어려워도 인생의 어려운 짐을 나눠지고, 그 안에 숨겨진 귀한 보물과 축복들을 믿음으로 바라보려고 한다.

동역자들이나 후배 목회자들에게 목회자의 길은 어차피 힘든 거고 정말 보람 있는 길이니만큼 "목회를 즐기라"고 권한다. 주를 위해 고생하고 주를 위해 즐기고 주를 위해 맘껏 살 수 있는 환경이 얼마나 행복한가? 더 나아가 영원한 것에 가치를 두고 사는 삶을 보여주는

게 목회자의 삶이 아닌가? 사는 이유와 목적이 확실하고 돌아갈 영원한 본향이 있고, 나를 기다리시는 주님이 계신 영화로운 천국이 있으니 얼마나 감사한가?

목회를 하면서 목회자라면 다 경험하는 바이지만 교회 안에는 너무 다양한 사람들이 많다. 인간적으로 생각하면 상대하고 싶지 않은 사람들이 수두룩하다고 느껴질 때도 있다. 남녀노소 빈부귀천으로 형성된 곳이 교회이다. 예수님 당시처럼 헤롯 같은 사람, 빌라도 같은 사람, 바리새인과 서기관 같은 사람, 공회원들 같은 사람, 열두 제자 같은 사람들, 심지어 가룟 유다 같은 사람도 있을 수 있다. 그렇지만 예수님처럼 다 품고 사랑하며 기쁨으로 목회사역을 해야 한다. 예수님처럼 목회를 즐겨야 한다. "내가 이것을 너희에게 이름은 내 기쁨이 너희 안에 있어 너희 기쁨을 충만하게 하려 함이라"(요 15:11).

예수님을 닮은 바울도 기쁨으로 목회사역을 감당하였다. "그러므로 나의 사랑하고 사모하는 형제들, 나의 기쁨이요 면류관인 사랑하는 자들아 이와 같이 주 안에 서라"(빌 4:1).

> 저 멀리 뵈는 나의 시온성 오 거룩한 곳 아버지 집
> 내 사모하는 집에 가고자 한 밤을 세웠네
> 아득한 나의 갈 길 다 가고 후 저 동산에서 편히 쉴 때
> 내 고생하는 모든 일들을 주께서 아시리
> - 저 멀리 뵈는 나의 시온성(순례자의 길)

'단 한 번뿐인 인생을 주님이 피 흘려 값 주고 사신 공동체 양떼들을 보살피며 산다는 것이 얼마나 가치 있는 일인가?' 이렇게 생각하면 목회를 즐기지 않을 수 없다. "나는 목회가 힘들어서 잠을 못 이룰 때가 있었지만 목회가 너무 행복해서 잠을 이루지 못할 때도 많다."

가장 행복했던 순간

故옥한흠 목사님 2주기 추모 예배 시에 김영순 사모님의 인사 말씀 중, 옥 목사님과의 결혼생활에서 가장 행복했던 순간은 성도교회 대학부를 지도하며 제자훈련을 하는 옥 목사님과 함께했던 시간이라고 말씀하셨다. 그때가 살기는 힘들었지만 많이 분주하지도 않았고, 옥 목사님이 밖으로 많이 돌아다니시지 않고 함께 있을 수 있는 시간이 많아서 참 좋았다고 말씀하셨다. 이 말씀을 들으면서 나는 목회 사역을 하면서 가장 행복했던 순간과 시간이 언제인가를 헤아려보았다.

첫째, 예수님을 믿지 않던 사람들이 주께 돌아와 구원 받고 하나님 나라에 가치를 두고 행복하게 교회 생활하는 모습을 볼 때.

둘째, 힘들고 어렵고 삶에 지친 사람들, 아프고 나약한 사람들이 내가 해준 위로와 격려, 기도로 큰 힘을 얻고 살아가는 모습을 볼 때.

셋째, 제자훈련을 통해 세워진 평신도사역자들이 훌륭하게 사역하는 모습을 볼 때.

넷째, 수십 년간 쉼 없이 해온 주일 남제자반에서 훈련생들이 잘 알아듣고 이해하며 기뻐할 때.

다섯째, 평신도사역자들과 고와 낙을 같이 하며 동역한 가정교회 사역과 열매들을 소그룹에서 나눌 때.

여섯째, 가정교회 사역을 하면서 이곳 저곳에서 풍성한 간증거리들이 흘러 넘쳐 나올 때.

일곱째, 다른 교회나 기관들에서 제자훈련과 가정교회 강의를 하고 돌아올 때.

여덟째, 열심히 가르치고 섬긴 한국 교회의 지도자들과 신학생들이 잘 받아들이고 바르게 목회해나가는 모습을 볼 때.

아홉째, 제자훈련과 가정교회 사역에서 얻어진 축복들을 한국 교회와 세계 교회 목회자 선교사들에게 가르치고, 섬김 속에서 그들이 목회에 접목시켜 열매로 기뻐할 때.

마지막으로, 열방을 품어 세계 각 곳에 선교사를 파송하고 수많은 교회와 선교사들에게 기도와 물질과 사역으로 마음껏 협력하며 나누어주고 섬길 때.

"주께서 내 마음에 두신 기쁨은 저들의 곡식과 새 포도주가 풍성할 때보다 더하니이다." _시 4:7

목회를 즐기라!

©양선아

흩어지는 목회

목회는
혼자 하는 것이 아니다

목회는 결코 혼자 할 수 있는 것이 아니기에 동역자들이 절실하게 필요하다. 존 맥스웰이 말한 것처럼 "리더의 잠재력은 그와 가까이에 있는 사람에 의해 결정된다." 목회자는 '내가 평신도들을 위해 무엇을 할 것인가'보다 내가 '평신도들과 함께 무엇을 할 것인가'를 더 먼저 생각해야 한다. 평신도를 훈련시키고 자신보다 더 훌륭한 사람으로 세울 줄 아는 목회자가 되어야 한다. 목회자는 또 다른 리더를 계속 탄생시켜 함께 동역하는 것을 사명으로 생각해야 한다.

목회자는 영적 리더십을 발휘하여 사람들을 움직이고 하나님의 일을 하게 해야 한다. 탁월한 주님의 제자를 키워 믿고 맡기는 임파워먼트가 중요하다. 열심히 혼자 일하는 것보다 사람을 세워 가치 있는 일에 관심을 갖고 집중하게 하는 일이 무엇보다도 중요하다. 우리 주님께서 열두 제자, 70인 제자를 세워서 함께 사역하셨고, 승천하시면서 교회에게 위임하신 사명도 "제자 삼으라"는 것이었다(마 28:19-20).

바울이 그렇게 훌륭하게 목회자로 선교사로 활약할 수 있었던 이유가 무엇인가? 당연히 하나님의 은혜지만, 바울 주변에 충성스러운 평신도동역자들을 하나님께서 붙여주셨기 때문이다. 바울은 제 1, 2, 3차 전도여행을 하면서 건물을 짓는 일이나 사람을 많이 모으기에 급급하지 않았다. 오직 복음으로 사람을 세우는 일에 집중했다. 그 결과 항상 주변에 바울을 따라 다니는 평신도 동역자들이 많았다. 그는 외롭지 않았고 자신이 세운 하나님의 사람들과 함께 큰 일들을 감당할 수가 있었다.

그가 쓴 서신 마지막 장에는 자신과 평생 고와 낙을 같이 했던 평신도사역자들의 이름을 하나 하나 불러가면서 축복하고 추천하고 문안 인사를 보내고 있는 것을 볼 수 있다(롬 16장). 그들 가운데는 처음부터 끝까지, 순교 직전까지 바울을 따르며 함께했던 사람들이 대부분이었지만, 바울을 따르다가 고난과 어려움에 처하게 되자 중도에 포기하고 바울을 멀리하고 심지어 배반하고 고통을 준 사람들도 있었다. 하지만 바울은 그들까지도 사랑하며, 그들에게 허물을 돌리지 않기를 하나님께 간구했다(딤후 4:9-16).

바울과 함께했던 동역자들은 바울을 위하여, 그리고 교회를 위하여 목숨이라도 내놓을 준비가 되어 있는 사람들이었다(롬 16:4). 하나님께서 바울에게 신실하고 충성스러운 평신도 동역자들을 만나게 하셨기에, 바울은 하나님 나라 확장을 위해 멋지게 자신을 하나님께 드릴 수가 있었다.

종교개혁자 루터에게도 주변에 훌륭한 믿음의 영웅들이 있었다. 아내 카타리나를 비롯해, 자신의 목을 내어 놓을 정도로 개혁에 열정을 가진 존 위클리프, 체코 프라하의 얀 후스, 루터의 친구이며 동역자인 프레드릭과 필립 멜랑히톤 같은 사람들이 있었기에, 루터가 부패한 로마 가톨릭과 교황들을 대항하며 위대한 종교개혁을 단행할 수 있었던 것이다. 말씀의 신학자라 불리는 개혁자 존 칼빈도 파렐, 베자, 존 낙스 등이 주변에 함께했기에 시너지효과를 발휘하여 혼란한 시대에 말씀과 신학으로 개혁을 잘 정립할 수 있었다.

중국 선교의 아버지라 일컬어졌던 허드슨 테일러에게도 선교 초기 가장 힘들고 곤고할 때 선배 동역자인 스코틀랜드의 윌리엄 번스가 있었다. 언더우드 선교사에게도 동역자, 그의 형 존 토머스의 후한 물질과 기도의 동역이 있었기에 한국 선교가 가능했다.

모세에게도 아론과 훌과 여호수아가 있었고 다윗에게도 요나단과 세 용사, 삼십인 용사들이 있었다. 하나님은 하나님의 일을 혼자서도 다 하실 수 있는 전능하신 분이지만, 하나님의 사람들을 통하여 일하시되 동역자를 붙여주는 분이시다. 하나님은 부족한 나에게도 주변에 귀한 분들, 평신도 동역자들을 만나게 하셔서 오늘까지 큰일을 이루게 하셨다.

화평공동체에서 37년간 담임목회자 역할을 잘 할 수 있도록 하나님께서 이 귀한 분들을 만나게 하셨고, 붙여주셨고, 이분들을 통하여 목회하는 데 많은 힘과 위로와 격려를 받았다. 뿐만 아니라 이분들을 통하여 하나님께서 내게 필요한 것들을 채워주셨고 화평교회를 빛나게 하며 건강하게 만드셨다. 이 모든 분들은 그리스도의 날에 나의 자랑이며, 면류관이 될 귀한 분들이다.

화평공동체와 흩어진화평공동체는 부족한 나에게 하나님께서 붙여주셔서 함께 만들어진 귀한 걸작품이다.

평생 나의 목회에 동역했던 신실한 자들을 열거해보며 주께 감사드리고 싶다.

☑ 현명한 아내를 만나게 하사 목회의 부족한 부분을 채워주고 보완하게 하신 것에 감사!

☑ 목회자처럼 사역하는 평신도사역자들을 많이 붙여 주신 것에 감사!

☑ 고와 낙을 같이하며 함께 배우고 함께 사역한 화평공동체, 흩어진화평공동체를 이루게 하신 것 감사!

☑ 주변에 나를 위해 기도해주는 성도들이 많은 것에 감사!

☑ 나와 교회를 위하여 목숨이라도 내놓을 정도로 충성스러운 평신도사역자가 있다는 것에 감사!

- ☑ 주변에 성숙한 공동체를 이루어갈 준비된 동역자들과 목회자들이 있다는 것에 감사!

- ☑ 같은 목회 철학과 비전을 나눌 수 있는 CAL-NET 동역자들이 있다는 것에 감사!

- ☑ 목회 사역이나 선교지 사역에 물질이 필요할 때 마음껏 사역하도록 충분하게 후원해주시는 장로님들과 집사님들을 붙여주신 것에 감사!

- ☑ 세계 곳곳에 다니며 세미나·강의 등으로 섬길 때 통역을 잘 할 수 있는 동역자들을 붙여주신 것에 감사!

- ☑ 특히 인도네시아 목회자 세미나와 선교를 마음껏 할 수 있도록 물질적으로 협력해주었던 평신도사역자들을 만나게 하신 것에 감사!

- ☑ 나의 주변에 무엇보다도 故옥한흠 목사님 같은 영적 멘토들, 그리고 목회의 멘토이신 김경원 목사님을 만나게 하신 것, 또한 세계적인 신약학자인 김세윤 교수님을 만나 선명한 복음을 배운 것에 감사!

- ☑ 경건과 학문을 겸비한, 성자라는 별명을 가지셨던 故김희보 교수님 같은 분을 만나게 하신 것 감사!

- ☑ 설교자로서 로이드 존스, 존 스토트 같은 분들을 책을 통하여 간접적으로 영향을 받게 하신 것에 감사!

"그러므로 나의 사랑하고 사모하는 형제들, 나의 기쁨이요 면류관인 사랑하는 자들아 이와 같이 주 안에 서라." _빌 4:1

©양선아

흩어지는 목회

목회에서
제일 힘든 일

후배 동역자들이나 신학생들이 목회에서 제일 힘든 일이 무엇이냐고 질문해 올 때가 있다. 그럴 때 나는 다음의 세 가지를 이야기한다. 본질을 지키는 것, 사람이 변화되지 않는 것, 나 자신을 목회하는 것. 세 가지 중에 제일 힘든 것이 무엇이냐 물으면 '나 자신을 목회하는 것이 제일 힘든 일'이라고 답한다. 교회를 크게 부흥시키는 일보다도 또 교회당을 건축하는 일보다도 더 힘든 일은 자기 자신을 잘 관리하며 살아가는 일이다. 사역에서도 제일 힘든 일은 자기 자신을 목회하는 일이라고 생각된다.

지혜자도 "자기 마음을 다스리는 자는 성을 빼앗는 자보다 낫다"(잠언 16:32)라고 했다. 존 맥스웰은 "우리가 어리석을 때는 세상 정복을 원하나 지혜로울 때는 자기 정복을 원한다"라는 말을 했다. 에베레스트 산을 정복했던 애드먼드 힐러리(Sir Edmund Persival Hillary)도 "내가 정복한 것은 에베레스트 산이 아니라 나 자신이다"라는 말을 남겼다.

위대한 하나님의 사람이었던 바울도 자기 속에 원하는 선은 행하지 못하고 원하지 않는 죄가 있어, 원하는 자아가 원치 않는 자아에게 끌려가는 자신의 모습에 탄식하며 외쳤다. "오호라 나는 곤고한 사람이로다 이 사망의 몸에서 누가 나를 건져내랴 주 예수 그리스도로 말미암아 하나님께 감사하리로다"라고 고백하고 있다(롬 7:19-24).

목회 사역을 하면서 나 자신을 잘 관리하는 것이 얼마나 힘든지, 어느 때는 한계를 느끼며 바울처럼 탄식이 절로 터져 나올 때가 많다. 죄 된 나의 모습, 연약한 모습, 때로는 나의 이중적이고 형식적인 모습을 볼 때마다 회개하며 주님의 긍휼과 도우심을 구하지 않을 수가 없다. 누구보다도 준비된 모습으로 하나님과 성도들 앞에 서야 하는 것이 우리 목회자이지만 그렇지 못할 때가 얼마나 많은지 모른다.

"망령되고 허탄한 신화를 버리고 경건에 이르도록 네 자신을 연단하라 육체의 연단은 약간의 유익이 있으나 경건은 범사에 유익하니 금생과 내생에 약속이 있느니라." _딤전 4:7-8

그리스도인의 행함을 강조하고 있는 야고보는 "자기를 지켜 세속에 물들지 아니하는 것"(약 1:27)이 참된 경건이라고 정의하고 있다.

우리 자신 관리를 위해서 결단과 각오가 필요하다. 본질적인 것에 집중하며 비본질적인 것에 연연하지 않기. 자신의 주관적인 생각을 보편화시키지 않기. 이럴 수도 저럴 수도 있는 일에 대해서는 관대한 마음으로 사람들을 품고 이해하기. 상처를 주지도 말고 받지도 않기. 범사에 하나님의 은혜를 잊지 않기. 불의한 일에 타협하지 않기, 어떤 상황 속에서도 거짓말하지 않기 등을 체질화하는 것이 중요하다.

《성공하는 사람들의 7가지 습관》의 저자 스티븐 코비도 이렇게 말하고 있다.

- ☑ 주도적이 되라.
- ☑ 목표를 확립하고 행동하라.
- ☑ 소중한 것부터 먼저 하라.
- ☑ 상호이익을 도모하라.
- ☑ 경청한 다음 이해하라.
- ☑ 시너지를 활용하라.
- ☑ 심신을 단련하라.

성공이라는 단어는 성경에서 찾아보기가 힘들다. '무엇이 목회의 성공일까?' 목회에 있어 성공이라는 말이 가당키나 한 것일까 마는 주님처럼 "아버지께서 하라고 하신 일을 다 이루어 아버지를 영화롭게 하는 것"(요 17:4) 바로 그것이 아닐까 생각한다.

자기 관리를 철저히 하기 위해서는, 첫째, 사명적 삶을 살아야 한다. 하나님이 나를 부르신 목적이 무엇이며, 하나님이 나를 구원하신 이유가 무엇인가? 우리는 예수 그리스도로 말미암아 사는 이유와 목적을 확실히 깨달은 사람들이다. 자신의 사명을 깨달은 사람들은 삶의 원칙과 일관성이 정돈되어 있다. 사명적 삶이란 하나님 나라와 영광과 뜻을 위해 사는 사람을 말한다. 자신만을 위해 살지 않고 남을 위해 사는 삶이다.

둘째, 그리스도께 집중된 삶을 살아야 한다. '살아도 주를 위하여, 죽어도 주를 위하여.' 이것이 최고의 소원이 되고 목적이 된다. 예수 그리스도가 인생의 전부가 되시기에 '그리스도를 존귀케 하고 드러내는 것'이 사는 이유와 목적인 것이다. 자기 이익, 자기 만족, 자기 성공을 위해 살지 않고, 나를 위해 죽었다가 다시 사신 예수 그리스도를 위해 살아가야 한다. 온 마음과 뜻이 그리스도 예수께 붙잡힌 바가 되고, 그분께 집중된 삶을 사는 것이다.

셋째, 자기 계발과 쇄신을 위해 끊임없이 노력해야 한다. 평생 목회하면서 내가 중요하게 생각하며 좋아하는 단어들은 변화, 계발, 진보, 비전 등이다. 나는 새로운 것에 대한 도전과 변화를 즐긴다. 가만히 관망하는 것을 싫어한다.

달라스신학교 교수였던 하워드 헨드릭스(Howard G. Hendricks)는 "30년을 가르친 경험이 1년 경험의 30번 반복일 수 있다"고 했다. 오랜 경험이 반드시 좋은 것이 아니며 무조건 발전을 가져오지 않는다는 교훈이다.

"이 모든 일에 전심전력하여 너의 성숙함을 모든 사람에게 나타나게 하라."

—딤전 4:15

화평교회를 개척해서 32년을 목회할 때보다 흩어진화평교회를 개척해서 사역하고 있는 최근 몇 년 동안 훨씬 더 나 자신의 계발과 쇄신과 진보를 위해 노력한다. 그렇지 않으면 이 시대 성숙한 목회를 할수 없기 때문에 더 많이 하나님 앞에 꿇어 엎드리고 나 자신을 쳐 복종시키면서 연구와 묵상을 더 많이 하게 된다.

"내가 이미 얻었다 함도 아니요 온전히 이루었다 함도 아니라 오직 내가 그리스도 예수께 잡힌 바 된 그것을 잡으려고 달려가노라 형제들아 나는 아직 내가 잡은 줄로 여기지 아니하고 오직 한 일 즉 뒤에 있는 것은 잊어버리고 앞에 있는 것을 잡으려고 푯대를 향하여 그리스도 예수 안에서 하나님이 위에서 부르신 부름의 상을 위하여 달려가노라." —빌 3:12-14

넷째, 종말론적 삶을 살아야 한다. 그 언젠가 주 예수 그리스도를 만날 것을 기대하면서 '그날에 어떠한 모습으로 설 것인가? 주께서 내가 살아온 삶에 대해 어떻게 평가하실까?'를 생각하면서 오늘의 삶에 충실하며 준비된 삶을 살 수 있다. 그날을 의식하며 살면 자기관리가 더 잘 되고, 하루하루의 삶이 만족과 기쁨으로 가득하고 풍성한 열매가 더할 것이다.

오늘 혹은 올해가 내 삶의 마지막이 되어 주님 앞에 서게 된다면 가장 아쉬움으로 남는 일이 무엇인가를 생각해본다. 하나님이 나에게 붙여주신 모든 사람들을 마음껏 사랑하지 못한 것, 가난하고 어렵고 고난 가운데 힘들게 사는 주변 사람들을 힘껏 돕지 못한 것. 이 일을 위해 오늘이라 일컫는 동안에 종말 의식을 가지고 최선을 다하고 싶다. 모든 사람을 대할 때 주께 하듯이 하고 싶다.

"철 연장이 무디어졌는데도 날을 갈지 아니하면 힘이 더 드느니라 오직 지혜는 성공하기에 유익하니라." _전 10:10

흩어지는 목회

누릴 수 있지만
참는 이유

한번은 노회의 어느 목회자로부터 전화가 왔다. 이번에 모처럼 좋은 차를 타고 싶어서 당회에서 논의하다가 부결되었는데 그 이유가 나 때문이라는 것이다. 화평교회는 자신이 목회하는 교회보다 훨씬 큰 데도 담임목사가 저가의 차를 타는데, 그 교회는 작고 형편도 안 되는 데 왜 고급차를 타려 하느냐며 당회에서 취소했다는 것이다. 이 전화를 받은 나는 그 목사님에게 미안한 생각도 들기도 했지만, 다른 한편으로는 교회 형편도 안 되는데 왜 좋은 고가의 차를 타고 다니려 하는지 이해가 되지 않았다. 나는 현재 타고 다니는 차로도 만족하고, 특히 교인들의 형편이나 상황을 고려해볼 때 이 정도 차면 좋겠다고 생각하기 때문이다. 차량 구입이 본질적인 문제는 아니지만 덕을 세우기 위해서 그렇게 했다.

오늘날 한국 교회 안에서 목회자의 생활비, 사택, 타고 다니는 차 등으로 교인들과 목회자와의 신뢰 관계가 많이 무너져가고 있다. 개혁자들이 보여준 목회자의 생활은 성도들의 생활 정도를 반영하여 중간 정도의 생활로 모델을 제시해주었다. 너무 가난하거나 너무 부하지도 않은 생활 정도면 좋겠다는 생각이 든다. "곧 헛된 것과 거짓말을 내게서 멀리 하옵시며 나를 가난하게도 마옵시고 부하게도 마옵시고 오직 필요한 양식으로 나를 먹이시옵소서"(잠 30:8).

평생 목회를 하고 은퇴하신 목사님들의 경제적 상황을 관심 있게 살펴보면 세 부류로 나타난다. 교회에서 적게 받고 은퇴 후에 힘들게 생활하시는 목회자. 너무 많은 것을 교회에서 받고 나와 경제적으로는 넉넉하나 후배 목회자, 혹 목회했던 교회 성도들에게 신뢰와 존경을 받지 못하고, 덕스럽지 못한 모습을 보이는 목회자. 교회 상황이나 형편에 맞게, 또는 교회 형편이 넉넉해도 의도적으로 중간 정도의 연금을 받고 생활하는 목회자. 개인적으로는 나는 세 번째 유형의 목회자들을 따르고 싶다. 교회와 세상에 덕을 세우기 위해서이다.

개척 후 20년 정도까지는 경제적으로 많이 힘들게 살았지만 목회 30년이 되는 때부터는 교회에서 받을 만큼 풍족하게 받고 있다고 생각된다. 그래도 늘 개척 때부터 지금까지 때마다 시마다 필요한 것을 채워주시는 것을 생생하게 경험했고, 늘 하나님께 죄송하고 성도들에게 부담감이 있었다. 경제적으로 너무 힘들게 살아가는 성도들이 많기 때문이다. 목회자로 받기만 하고 누리는 것 같아, 주님 앞에 서는 날 주님이 어떻게 판단하실지 두려운 생각이 들 때도 있다. 누구나 이 길을 갈 때는 이 부분을 포기하고 내려놓고 가겠다고 하나님 앞에 약속하지 않았던가?

바울은 얼마든지 받을 수 있고 누릴 수 있는데 덕을 위해 자제했다. 예수님도 "여우도 굴이 있고 공중의 새도 거처가 있으되 인자는 머리 둘 곳이 없다"(마 8:20)고 말씀하셨다. 목회자로서 경제생활에 덕이 되지 않고 본이 되지 않는다면 목회 사역이 순탄치 않을 것이다. '물질에 초연하고 오직 사명감을 가지고 목회하는 분'으로 인정받으라.

술을 마시는 것이 죄인가? 담배를 피우는 것이 죄인가? 좋은 옷을 입고 사는 것이 죄인가? 좋은 집에 사는 것이 죄인가? 좋은 차 타고 다니면 안 되는가? 얼마든지 할 수 있지만 한 가지 중요한 답변은 "덕이 되느냐 안 되느냐"이다.

성경에 기록된 덕에 관한 교훈들을 살펴보자.

"그러므로 만일 음식이 내 형제를 실족하게 한다면 나는 영원히 고기를 먹지 아니하여 내 형제를 실족하지 않게 하리라."_고전 8:13

"내가 모든 사람에게서 자유로우나 스스로 모든 사람에게 종이 된 것은 더 많은 사람을 얻고자 함이라."_고전 9:19

"유대인들에게 내가 유대인과 같이 된 것은 유대인들을 얻고자 함이요 율법 아래에 있는 자들에게는 내가 율법 아래에 있지 아니하나 율법 아래에

있는 자 같이 된 것은 율법 아래에 있는 자들을 얻고자 함이요." _고전 9:20

"약한 자들에게 내가 약한 자와 같이 된 것은 약한 자들을 얻고자 함이요 내가 여러 사람에게 여러 모습이 된 것은 아무쪼록 몇 사람이라도 구원하고자 함이니." _고전 9:22

"그러므로 만일 음식이 내 형제를 실족하게 한다면 나는 영원히 고기를 먹지 아니하여 내 형제를 실족하지 않게 하리라." _고전 8:13

"우리 각 사람이 이웃을 기쁘게 하되 선을 이루고 덕을 세우도록 할지라." _롬 15:2

"그러나 자족하는 마음이 있으면 경건은 큰 이익이 되느니라." _딤전 6:6

"우리가 세상에 아무 것도 가지고 온 것이 없으매 또한 아무 것도 가지고 가지 못하리니." _딤전 6:7

목회자로서 여건이 주어진다면 얼마든지 좋은 집, 좋은 차 좋은 옷을 입을 수 있다. 그럴 수도 있지만 양떼의 형편을 생각하고 덕을 세우는 일을 우선시해야 한다.

"모든 것이 가하나 모든 것이 유익한 것은 아니요, 모든 것이 가하나 모든 것이 덕을 세우는 것은 아니니." _고전 10:13

아무리 좋은 것이라도, 내가 아무리 먹고, 입고, 사고 싶은 것이 있

흩어지는 목회

더라도, 내가 아무리 하고 싶은 말이 있더라도, 내가 아무리 가지고 싶고, 가보고 싶은 곳이 있더라도, 내가 아무리 누리고 싶고, 얻고 싶어도, 그 일로 인해 형제가 실족한다면, 이웃에게 덕이 되지 않는다면 그것들을 포기하고 내려놓을 수 있는지 스스로 자신을 확증해보라.

　목회자로서 영혼 구원과 복음 전파를 위하여 세상에 그 어떠한 것이라도 내려놓을 수 있고, 덕을 세우기 위해서라면 참을 수 있다. 그 이유는 이미 우리는 예수 그리스도로 말미암아 이미 너무 큰 것을 받았고 영원한 것을 얻었기 때문이다.

"또한 모든 것을 해로 여김은 내 주 그리스도 예수를 아는 지식이 가장 고상하기 때문이라 내가 그를 위하여 모든 것을 잃어버리고 배설물로 여김은 그리스도를 얻고 그 안에서 발견되려 함이니." -빌 3:8-9

목회는 덕(德)이다.

여전히
조심할 것 세 가지

신학교 다닐 때 목회학 시간에 교수님으로부터 들은 얘기 중 오랜 시간이 지난 지금에도 잊히지 않는 말이 있다. "목회자가 되면 조심해야 할 세 가지는 물질과 이성, 그리고 명예다." 교회가 극도의 물질주의와 세속주의로 곤두박질치던 중세시대, 수도사들은 수도원에 들어갈 때 수도원장에게 세 가지를 포기하겠다는 서약을 했다. 첫째는 재물, 둘째는 결혼(성), 셋째는 명예(권세)였다. 주변에 보면 현재에도 이 세 가지에 걸려 목회자가 목회 현장을 떠나는 일들이 많다.

목회의 경륜이 깊어 갈수록 목회자들에게 이 세 가지는 정말 조심해야 할 것들임을 부인할 수가 없다. 여기에 걸려들어 시험과 올무에 빠져 벗어나오지 못하는 일들이 비일비재하다. 결국 목회를 그만두거나 비참하게 목회를 마무리하는 것을 볼 수 있다. 목회자가 이 세 가지 중 한 가지에라도 걸려들면 목회가 끝장이고 사양길로 빠져버리게 된다. 목회자가 본래의 사명을 잃어버리면 자연스럽게 돈과 명예와 권세의 노예가 될 수밖에 없다. 우리의 목회 현장은 이 세 가지가 뿌리 내리고 자라기에 좋은 온상과 같다. 사단은 항상 이 세 가지 무기를 가지고 목회자를 공격하고 있다.

세 가지를 조심하지 못해 한국 교회와 목회자들이 세상으로부터 비웃음과 조롱거리가 되고 있다. 교회의 신뢰도가 땅에 떨어져 언제 회복될 것인지 예측하기도 어려울 정도이다. 목회자와 교회는 윤리성이나 도덕성이 세상보다 훨씬 더 높아야 하고 엄격해야 한다. 세상 누구 앞에서도 그리스도인은 이러한 부분에서 자유로워야 하며 거룩성이 입증되어야 한다. 그렇지 않으면 세상을 예수께로 이끌 수도 없고 주도할 수도 없게 된다.

물질을 초연하라

개척 초기부터 현재에 이르기까지 수십 년 목회하면서 은행 대출이 없는 적이 없었다. 그러나 IMF를 겪으면서도 한 번도 대출이자를 연체한 적이 없고 교역자들 사례비를 미루거나 거른 적이 없었다. 교회 비전이나 사역에 물질이 없어 중단하거나 포기한 일이 없는 것 같다. 때를 따라 돕는 하나님의 은혜를 경험했다. 평생 목회해오면서 우리 교회 교인이 아닌 지인으로부터 억대의 헌금을 세 번 받은 적이 있다.

그때마다 내가 직접 받지 않고 모두 교회 계좌로 이체시켜 달라고 요청했고, 목적에 맞게 사용함으로써 내 자신이 물질로 인한 유혹이나 오해의 시험에 걸려들지 않은 것에 대해 감사하고 싶다.

얼마 전 초대형교회에서 주일 낮 설교, 주일 저녁과 그 다음날까지 집회를 인도해달라는 요청이 왔다. 한참 고민하다가 사양했다. 평생 목회해오면서 주일 낮예배 설교는 요청이 있어도 거절했다. 형제교회에 가서 예배를 인도한 것 외에는 없는 것 같다. 주일 오후 가정교회 지도자모임과 제자반을 평생 해왔기에 그렇게 많은 교회에서 세미나, 강의 등의 요청이 와도 방학 때나 평일 외에는 가지 않았다.

개인적으로는 많은 강사비, 사례를 받아 좋지만, 그것보다는 우리 교회 예배가 우선이고 가정교회 지도자모임이나 제자훈련에 목회에 더 가치를 두기 때문에 포기하고 거절하는 것이다. 그렇게 하는 것이 자기 관리에도 좋고 교회에도 유익을 주는 일이기 때문이다. 물질이 좋고 필요하지만 담임하는 교회의 예배가 우선이고 제자훈련, 가정교회 지도자모임이 더 중요하다. 성경은 "돈을 사랑함이 일만 악의 뿌리가 되고 온갖 시험과 올무에 빠지게 된다"고 가르친다(딤전 6:9-10).

감리교 창시자 요한 웨슬레가 "사람이 돈 주머니를 회개하지 않는 한 진정한 회개라고 볼 수 없다", "사람을 알아볼 수 있는 시금석은 물질이다"라고 한 말이 목회 사역 가운데 전적으로 동의가 될 때가 많다. 사람을 알아볼 수 있는 두 가지 방법은 물질과 고난이다. 물질 앞에서는 그 사람의 모습이 적나라하게 드러난다. 또한 고난을 당할 때에 그의 인격과 삶, 믿음의 정도가 그대로 나타난다.

믿지 않는 사람들은 물질로 진짜 목사와 가짜 목사를 구분 짓는 것 같다. 성경에서도, 목회자 세계에서도 이 문제로 걸려든 사람이 헤아릴 수 없을 정도로 많다. 목회자가 물질에 초연하지 못하면 목회자로서 존경과 사랑을 받기가 쉽지 않다.

이 부분에 자신이 없으면 목회자의 길을 가지 않는 것이 더 나을지도 모르겠다. 세상은 자신들은 그렇게 살지 않으면서 목회자나 교회 성도들에게는 청빈한 생활을 요구하고 있다. 개척해서 세운 교회를 은퇴 시, 교회가 여유가 있다 하여 많은 전별금을 받았는데, 평생 자기 성도들로부터 존경과 사랑을 받지 못하고 사는 목회자도 보았다. 목회자는 뒷모습, 삶의 흔적이 아름다워야 한다. 예수께서도 제자들을 파송하시면서 일꾼이 삯 받는 것이 마땅하다고 말씀하시면서도 전도자가 물질을 초연하지 않으면 안 될 것을 교훈하셨다(마 10:10).

이성을 조심하라

목회자가 자기 아내 사랑한다는 것이 교회 성도들에게 구체적으로 입증되는 것이 중요하다. "우리 목사님은 사모님을 정말 사랑하신다"라는 말을 들어야 한다. 그렇지 않으면 사탄이 틈을 탈 수 있다. 지엽적인 일이기는 하지만 목회 사역을 하면서 덕을 위해서 나름대로 (70세 이상인 경우를 제외하고) 여 성도와 개인적으로 만나거나 교회에서 악수하는 것을 자제했다.

어느 새벽, 주변 교회 다니는 80세 이상 되는 권사 한 분이 상담을 요청해왔다. 본인이 속한 교회 담임목회자가 자신에게 계속 성적으로 접근했다는 것이다. 놀라운 사실은 노인인 그 권사가 담임목회자를 이성으로 생각하고 있었고, 변심한 그 목회자 때문에 힘들다는 것이다. 그때부터 이성이라면 80세 되는 분들까지도 항상 조심해야겠다는 생각을 하고 있다.

한국 교회 안에 목회자와 성도간의 이 문제 때문에 비참하고 쓸쓸하게 목회를 마무리하는 사람들을 많이 본다. 특히 음행 문제에 관련되면 끝까지 추적되어 다른 도시, 다른 나라에 가서도 항상 꼬리표가 붙는다. 나이가 들어서뿐만 아니라 목회를 끝낼 때까지 끝까지 따라다닌다. 이성 문제가 터지면 교인들, 집안 식구, 동역자도 친구도 다 떠나버리고 외면한다는 것을 알아야 한다. 그렇지 않더라도 그 자체가 하나님과 사람 앞에 큰 범죄가 아닌가? 아내와의 관계를 확실히 하는 것보다 더 좋은 길은 없을 것이다. 이 부분에 떳떳하지 못하면 목회는 끝이다라는 생각으로 항상 조심해야 한다.

"내가 어찌 이 큰 악을 행하여 하나님께 죄를 지으리이까." _창 39:9

명예욕에 빠지지 말라

지도자들이 세월이 가고 목회의 연륜이 쌓일수록 명예욕에 빠져드는 것 같다. 교만해지면서 높은 자리를 차지하려고 안간힘을 쓴다. 걷잡을 수 없을 정도로 이 대열에 빠져서 벗어나지 못한다. 자기를 과시하고 업적과 이름을 드러내려고 한다.

21세기 세계적으로 가장 뜨는 교회, 미국 새들백교회를 설립한 릭 워렌(Rick Warren)은 자신을 제일 두렵게 하는 것이 유명세였다고 말했다. 자신의 책이 크게 인기를 얻어 수입이 엄청나게 늘어났을 때, 그는 유명세와 돈을 어떻게 처리할까 고민했고, 이전의 생활 방식을 바꾸지 않았다고 한다. 19년 살던 집에 그대로 살고, 좋은 차를 천 대는 살 수 있지만 11년 타고 다니던 차를 그대로 타고 다니고, 사례도 4년 전 받았던 것은 돌려주고, 8년 전에 받던 그대로 받았으며, 수입의 십일조가 아니라 십구조를 드렸고, 91퍼센트를 헌금하고 나머지 9퍼센트로 생활했다고 한다.

목회자는 바울과 같은 소원을 가지고 목회하지 않으면 안 된다.

"살든지 죽든지 내 몸에서 그리스도가 존귀하게 되게 하나니." _빌 1:20

물질 문제나 성적 비행, 권력 집착에 빠져버리면 그 결말이 얼마나 비참한지 모른다. 그가 있는 위치에서 일찍이 물러나게 되거나 애석하게 생을 마치는 경우를 많이 보게 된다. 성경의 역사나 일반 역사, 그리고 현실적으로 여기에 빠져 생을 불행하게 정리하거나 마치는 사람들이 무수히 많다. 목회자들이 정신을 바짝 차리지 않으면 환경적으로 세 가지 올무에 걸려들기 십상이다. 이 세 가지 문제에서 자유하

기 위해서는, 사람은 누구나 유혹에 약하다는 것을 인정하고 절제하
며, 깨어 근신하는 자세가 필요하다. 세속적인 가치관을 버리고 하나
님 나라의 가치관을 가지고 본질에 충실한 삶을 살아갈 때 가능할 것
이다.

세 가지를 조심하라.
물질, 이성, 명예!

화평케 하는
사람들

구약의 선지자들이나 신약의 사도들은 목적하는 바가 아무리 좋은 것이라 할지라도 그것을 이루기 위해 군중을 동원한 적이 없다. 우리 예수님은 더 말할 나위도 없다. 잘못하는 행위에 대해 개인적으로 지적하시고 비판하셨다. 예수께서도 바리새파(보수) 사두개파(진보)들을 다 수용하시고 어느 편에 서지 않으시고 화평케 하는 자로 사셨다. 그러나 오늘 한국 교회 지도자들은 예수님이나 사도들, 선지자들처럼 행하지 않고 있다. 세상 사람들처럼 혈연, 지연, 학연으로 얽혀 있다. 성경과 하나님의 이름을 들먹이고 있지만 화평을 이루지 못하고 있다. 왜, 교회가 화평을 이루지 못하는가?

"할 수 있거든 너희로서는 모든 사람과 더불어 화목하라." _롬 12:18

목회하면서 다양한 부류의 사람들을 만나서 교제하고 가르치고 함께 사역하다 보면, 한결같은 마음과 태도로 화평을 이루어 간다는 것이 너무 힘들다는 생각이 들 때가 많다. 그러나 분명한 것은 목회자 자신의 마음이 화평을 이루지 못하고 교회가 화평하지 않을 때 춤추는 것은 바로 사단이라는 사실이다. 화평을 깨뜨리고 나면 그 여파와 후유증은 오래오래 공동체에 남는다. 사람들은 언제나 자기중심적이다. 사단은 이것을 이용해 이간질로 교회의 화평을 깨뜨린다.

21세기 고린도교회 같은 한국 교회

내가 아는 집사는 수십 년간 갈등 있는 교회를 섬기면서, 자신은 교회를 통해 지옥이 어떠한 곳인지를 절실히 경험했다고 토로했다. 하나님 나라의 대행기관인 교회가, 이 땅에서 하나님 나라를 증시하고 하나님 나라를 충만하게 경험케 해야 할 교회가 분쟁과 분열을 일삼는 모습을 볼 때 안타깝기만 하다.

어느 기독교 잡지에서 읽어본 기억이 있다. 모르는 두 사람이 사거리에서 큰 싸움이 벌어졌다. 서로 큰소리 치고 욕하면서 멱살을 잡고 싸우는 모습을 지나가던 사람이 한참동안 지켜보다가 소리지르기를 "여기가 무슨 교회인줄 아세요?"라고 말하더라는 것이다. 세상 속에서 평화를 구체적으로 드러내야 할 교회가 다툼과 분열의 대명사로 세상에 비쳐지고 있다. 마치 21세기 고린도 교회 같은 모습이다.

교회가 당면한 문제를 얼마든지 좀 더 지혜롭게, 화평한 가운데 해결할 수 있는데도, 어떤 교회 지도자는 싸우고 다툼으로 해결하는 경우가 있다. 또 어떤 지도자는 화평함 속에서 온갖 어려운 문제를 거뜬히 감당해내는 경우가 있다. 우리는 어떤 부류의 사람인가?

하나님은 화평이신 분으로서 죄로 말미암아 가로막혀 있는 장벽을 십자가로 허시고 둘을 하나로 만드사 화평케 하셨다(엡 2:13-14). 그리고 화목케 하는 직책까지 주셨으니(고후 5:18-19) 교회가 이 땅에서 '화평케 하는 자'로 사명을 감당해야 한다. 나는 이 점을 절실히 깨닫고 교회 이름을 '화평교회'라고 지었다.

이 땅의 모든 교회는 화평케 하는 자로서 사명을 감당해야 한다. 창세기 13장에서 화평케 하는 자로 좋은 본을 보인 사람이 아브라함이다. 아브라함은 이방 땅에 와서 같은 집안 식구들끼리 물질적인 욕심으로 다투고 분쟁하면 하나님의 영광을 가리고 가족들이 욕을 먹기 때문에, 조카 롯에게 "네가 좌하면 나는 우하고 네가 우하면 나는 좌하리라"(창 13:9)고 제안했다. 얼마든지 더 주장할 수 있고 누릴 수 있었지만 그러지 않았다.

어떤 상황에서도 그리스도인들은 물질적인 일로 욕심내거나 이웃과 형제들과 다투거나 싸우면 안 된다. 특히 믿지 않는 사람들이 최고의 가치로 생각하는 물질을 초연할 때 과연 그리스도인이라고 인정받게 되고 화목이 이루어진다.

화평케 하는 중보자로 살기

우선, 화평의 중요성과 가치를 생각하고 화평을 만드는 자로 살고자
해야 한다.

비본질적이고 지엽적인 문제가 있을 때 어느 편에도 서지 말고 중
보자로서 다리 역할을 하는 것이다. 만약에 그리스도인으로서 어느
편에 서 있다 하면 자신과 같지 않다는 이유만으로도 서로 분열과 갈
등이 증대될 수 있기 때문이다. 그리스도인은 진리의 문제가 아니면
어느 쪽으로 치우쳐 서면 안 된다. 그 이유는 반대자가 생기기 때문에
하나님 나라 관점에서 보면 손실이 크다. 그리스도인은 양쪽을 다 수
용하고 이해하고 건전한 비판이나 격려, 칭찬을 해야 그들을 하나님
나라로 인도할 수가 있으며, 그리스도 안에서 통일되게 할 수가 있는
것이다. 예수 그리스도께서 바리새인이나 서기관과 사두개인들을 책
망과 비판도 하셨지만 그들을 다 수용하시며 하나님 나라를 세우는
일에만 집중하셨다. 따라서 본질적 문제, 진리 문제에 관련된 것이 아
니면 양쪽 모두를 수용하고 이해하는 자세가 필요하다.

"화평하게 하는 자는 복이 있나니 그들이 하나님의 아들이라 일컬음을 받
을 것임이요." _마 5:9

하나님께 범죄한 일에 대해서는 "내가 여호와의 명령을 거역하였도
다"(애 1:18), "나와 내 아버지의 집이 범죄하여"(느 1:7 하)라고 제사장적

흩어지는 목회

으로 기도하던 선지자들의 자세를 가져야 함이 마땅하다. 나라와 민족이 죄로 말미암아 멸망해가는 모습을 보면서 "내가 범죄하여 이렇게 되었습니다"라고 하나님께 제사장적 기도를 드려야 한다. 다른 사람의 죄를 내 죄로 생각하고 통회하고 자복하는 제사장적 태도가 화평케 하는 자의 삶이다.

화평케 하는 언어

화평케 하는 자는 언어를 순화시켜야 한다. 화평을 깨뜨리는 주범은 '말'이기에 성경은 '말'에 대한 교훈을 많이 하고 있다. 예수께서는 형제들과 화평을 이루지 못하고 드리는 예배, 기도, 예물은 받지 않으시겠다고 말씀하셨다(마 5:23-24).

내가 좋아하는 축구를 수십 년 하면서, 그리고 운전을 40년 가까이 하면서 한 번도 화를 내거나 욕을 해 본 적이 없는 것 같다. 마음속으로는 수없이 미움과 욕이 나오지만 한 번도 입 밖으로는 표출되지 않아 다행으로 생각하며 감사하고 있다. 욕을 하고 화를 내는 것이 얼마나 덕스럽지 못한가! 다른 사람에게 얼마나 안 좋은 영향을 주겠는가! 좋지 못한 모습을 주변에서 많이 보았기 때문에, 운전이나 운동(축구)을 하기 전에 결단과 각오를 하게 된다. '어떤 일이 있어도 욕하지 말아야지, 화내지 말아야지'. '예수님 마음(겸손, 온유)을 품고 살자'를 슬로건처럼 외치는 것이다.

"나는 마음이 온유하고 겸손하니 나의 멍에를 메고 내게 배우라 그리하면 너희 마음이 쉼을 얻으리니."_마 11:29

"그러므로 생명을 사랑하고 좋은 날 보기를 원하는 자는 혀를 금하여 악한 말을 그치며 그 입술로 거짓을 말하지 말고."_벧전 3:10

기독교는 철저한 무저항주의이다. "네 칼을 도로 칼집에 꽂으라 칼을 가지는 자는 다 칼로 망하느니라"(마 26:52). 하나님이 가장 원하시는 소원이 무엇인가? 이 땅에 화평의 나라가 오는 것이다. 온 인류가 갈망하는 것이 무엇인가? 화평이다. 로이드 존스(Martyn Lloyd Jones)는 그의 책 《산상설교》에서 예수님 오시기 전과 오신 후에 이 땅에서 국제평화회의가 1만 번 이상 개최되었다고 밝히고 있다. 이처럼 모든 인류가 원하는 것이 화평이다. 그러나 평화를 위장한 사람들이나 나라들도 많이 등장한다. 진정한 평화는 예수 그리스도 안에 있고 복음 안에 있다. 어떤 상황 속에서도 목회자들이나 교회가 집중해야 할 사역은 화평의 복음을 전하는 일이다.

지금 우리는 모두 한반도에 평화가 오기를 갈망하고 있다. 말과 슬로건으로 외친다고 해서 평화가 오는 것이 아니다. 많은 대가 지불과 희생과 내려놓음이 있어야 가능한 것이다. 예수님은 세상 속에 있는 교회를 향하여 말씀하신다. 교회는 화평을 통하여 하나님의 자녀 됨을, 하나님이 하나님 되심을 세상에 드러내야 한다. 우리 주 예수 그리스도께서는 하나님과 우리 사이에 화평을 이루시기 위해서 십자가에 고난 받고 죽으시고 부활하셨다. 그러므로 화평은 그리스도인의 표지이며 교회의 표지이다. 교회는 평화가 없는 세상에 화평함을 통하여 하나님 나라를 이 땅에 증시해야 한다.

"하나님의 나라는 먹는 것과 마시는 것이 아니요 오직 성령 안에 있는 의와 평강과 희락이라." _롬 14:17

교회를 개척해서 32년 동안 목회사역을 하면서 때로는 화내고 호통 치고 싶은 생각도 있었지만, 한 번도 이러한 일 없이 화평교회의 목회 사역을 화평하게 마무리한 것에 대하여 하나님께 감사하고 있다. 내 자신과 교회를 생각해서도 너무 잘한 일이라고 생각되어 만족스럽다. 화평교회도 흩어진화평교회도 변함없이 화평 속에서 건강하게 성장 하며 부흥되어가고 있다. 화평케 하는 사람들이 많을 때 현재적 하나 님 나라를 공동체가 충만하게 경험하게 된다.

"모든 사람과 더불어 화평함과 거룩함을 따르라 이것이 없이는 아무도 주 를 보지 못하리라." _히 12:14

화평케 하는 자는
화평의 복음을 전파하는 것이다.

흩어지는 목회

망하고 싶거든
변화를 거부하라

오늘의 시대를 대변하는 호칭이 너무 다양해서 혼란을 느낄 때가 있다. 포스트코로나 팬데믹, 엔데믹, 뉴노멀, 제 4차 산업혁명, AI 시대 등. 그러나 공통적인 특징은 변화를 요구한다는 것이다. 옥한흠 목사님께서 생존해 계실 때 총회 전도부 집회에서 1982년 미국에서 열린 '국제언론협회세미나'의 슬로건이 "망하고 싶거든 변화를 거부하라"였다고 인용하여 말씀하신 적이 있다. 이건희 삼성그룹 회장이 1998년 독일에서 "아내와 자녀만 바꾸지 말고 몽땅 바꾸라"라는 슬로건을 제시했다. 또 그는 2000년 새천년을 앞두고 '인재를 키우는 기업'이라는 신경영안을 추진했다. 그 결과인지 삼성그룹은 글로벌시대에 세계적인 대그룹으로 우뚝 서게 되었다. 현재 AI가 주도하는 제 4차 산업혁명시대에도 흔들림 없이 잘 나가고 있다.

최근에 나는 화평교회에서 함께 수년 간 동역했던 동역자가 시무하는 세 교회를 방문하여 설교를 한 적이 있다. 모두가 확실한 성경적 목회 철학과 비전을 가지고 사역하며 교회가 견고히 서가는 모습에 감사했다. 그러나 한 가지 놀라운 공통적인 사실은 세 교회 모두 예배인도나 찬양이나 기도나 말표현이 나와 함께 사역 할 때와 바뀐 것이 거의 없더라는 것이다. 그 모습을 보면서 내 자신이 책임감을 느꼈다. '옛날에는 저렇게 했지만 지금 나는 저렇게 하지 않는데…, 저 부분은 바뀌어야 하는데…' 하는 아쉬움이 있어서 조심스럽게 권면하기도 했다. 본질은 변하지 않지만 본질을 보존하면서도 역동성 있게 나아가기 위해서는 시대에 맞게 형태의 과감한 변화가 필요하다는 것이다.

게오르그 리히텐베르그(Georg C. Lichtenberg)는 "우리가 변하면 일이 잘 될 것이라고 단언하지는 못하겠다. 그러나 일이 잘 되려면 우리가 반드시 변해야 한다는 것을 단순히 말할 수 있다"라고 말했다. 포스트모더니즘 시대의 교회는 전통 방식 고수 모델과 혁신적 변화 모델이 공존하고 있다. 이러한 시대 상황에서 기존 체제, 구조, 제도, 방식으로는 그 교회가 가진 한계를 극복하는 것이 불가능하며, 변화하는 세상 속에서 복음을 효과적으로 전하기가 쉽지 않다.

본질 보존을 위해 변화는 필수다

교회가 세상을 변화시키지 못하면 세상이 교회를 변질시킨다는 말이 있다. 교회는 세상 변화와 유행에 장단 맞추어 나갈 것이 아니라 변화를 주도해 나가야 한다. 교회는 세상을 변화시킬 만큼 성령의 은혜를 힘입어 역량을 갖추며 성숙해야 한다.

예수께서도 벌써 2천 년 전에 "새 포도주는 새 부대에 넣어야 [함]"(마 9:17)을 강조하셨다. 본질은 예수님 당시나 현재나 앞으로도 변하지 않지만, 형태는 시대와 상황에 따라 원이나 세모가 될 수도 있고 네모가 될 수도 있다. 교회가 변화에 대처하지 않으면 부흥할 수가 없다. 교회가 변화에 준비하지 않으면 시대 속에서 사명을 감당할 수 없다.

역사적으로 보면 조선 후기 일본은 우수한 인재들을 100명 이상 서양으로, 세계 각국으로 보내 그 문화를 집중 연구하고 일본 정황에 맞추어 발전시켜 나감으로 오늘날과 같은 선진국을 이루게 된 것이다. 그러나 당시 우리나라는 대원군이 쇄국정책으로 타국문화, 외래문화를 도외시하여 온 나라를 후퇴와 가난 가운데 빠지게 하였다. 그만큼 변화가 중요한 것이다.

존 맥스웰은 "변화는 옵션이 아니라 필수"라고 말했다. 지도자가 먼저 뛰어들어야 하고 먼저 경험해봐야 구성원에게 알리며 이끌 수가 있다. 변화는 나부터 해야 한다. 변화는 우리를 더 성장시키고 새롭게 하며, 더 낫게 하고 더 강하게 한다.

교회가 아름답고 건강하게 성장하고 향상되기 위해서는 생각을 바꾸어야 한다. 고정관념과 틀에 갇혀 있어서는 아무것도 할 수 없다. 낡은 사고방식을 버리고 새로운 사고방식을 터득해야 한다. 교회가 건강을 회복하고 재생 능력을 갖추기 위해서는 변화를 시도해야 한다.

현실적으로 인터넷이 인위적인 가상공간이라기보다는 실제적인 공간이라고 할 수 있다. 성경에서 말하는 유기적 교회가 되기 위해서는 변화가 필요하고 변화에는 대가가 따른다. 진정한 교회(생명력 있는 교회)의 모습을 갖추기 위해서는 하드웨어가 아닌 소프트웨어가 중요한데 이 소프트웨어를 업그레이드하지 않으면 안 된다. 교회는 언제나 업그레이드를 늦추지 말아야 한다. 성능을 개선하고 향상시키기 위해서 업그레이드가 일어나야 한다.

내가 목회 사역에서 중요하게 생각하고 가치를 두는 일은 '변화'이다. 여기서 말하는 변화는 예수님을 만나고 나서 일어나는 근본적인

변화를 예견하는 영안을 날마다 새롭게 해야 한다. 변화에는 대가와 스트레스가 따른다. 변화를 위해 몇 가지 원칙을 세웠다.

☑ 본질적인 것에는 과감하게, 비본질적인 것은 점진적으로 조금씩 변화를 시도한다.

☑ 교육과 훈련을 통해 왜 변화되어야 하는지 먼저 그림을 보여준다.

☑ 원리와 정신을 중요하게 다룬다.

☑ 기독교적인 가치관을 갖도록 가르치며 실제로 보여준다.

☑ 내 자신부터가 변화되고자 해야 한다.

☑ 대상과 상황에 눈높이를 맞추어 변화를 시도한다.

흩어지는 목회

마음의 변화라기보다는, 회심한 사람들의 사역 속에서 일어나는 외적인 변화를 말한다. 변화는 먼저 내면적이어야 하고 그 결과 외적인 면에서도 변화가 일어나야 한다. 그리 할 때 오늘 시대 상황 속에서 교회를 생명력 있게 향상, 부흥시킬 수 있는 것이다. 코로나 이후 최근에는 변화에 민감한 목회, 변화에 대처하는 리더십이 얼마나 필요한가를 절실히 느낀다.

나는 시대 상황이나 변화에 민감하게 대처하지 못하는 사람, 기관과 회사, 교회가 성장하거나 부흥하는 것을 본 적이 없다. 원리와 정신 그리고 비전을 가지고 변화하는, 시대 상황에 지혜롭게 대처하고 대응해가는 교회가 그 시대 속에서 사명을 감당할 수 있다. 여기서 말하는 변화는 성품적인 것을 말하는 것이 아니라 외형적이고 가시적인 것을 말한다. 본질을 보존하고 계발하기 위한 수단이 되는 방법론을 이야기하는 것이다.

코로나 팬데믹이 변화를 몰고 왔다

흩어진화평교회는 코로나 팬데믹 속에서도 초기부터 실황으로 온라인과 오프라인, 또는 하이브리드로 교회의 각 교육·훈련, 가정교회목회자세미나, 온라인 성찬식, 모든 중요한 회의, 성경퀴즈대회, 투표, 임직식, 선교사 파송 등을 쉼 없이 다 진행하여 풍성한 결실을 거두었다. 오랜 세월 해오던 방식이 막혔을 때 전혀 다른 방식을 찾고 만들다보면 길이 열리고 열매가 맺혔다. 변화에 대처한 목회였다.

원리에 입각한 변화를 시도하다 보니 공동체 안에서 모든 것들이 날로 새롭고 최첨단으로 달려가는 것 같았다. 본질적인 것을 지켜가면서도 자유와 기쁨이 있고, 화기애애하고 아름답고 멋있다. 우아하거나 화려하지 않아도 모든 것들이 세련되고, 모든 사람에게 다 어울리는 분위기가 만들어져 가는 것 같다. 경건의 모양만 있는 것이 아니라 내실이 있고 생명력 있고, 심플하면서도 깊이가 있는 분위기로 교회가 서가는 것 같다. 창의적으로 최첨단을 달리는 목회를 하라. 두려워 할 것 없다. AI가 급속도로 발전하고 있는 이 시대에 교회도 인공지능의 트렌드에 익숙해져야 한다. 변화만이 살 길이다.

코로나 이후에 교회 예배 출석하지 않는 가나안(교회 안 나가는) 성도들을 위해서는 코로나 이전보다 더 영감 있는 예배, 역동성 있는 예배가 이루어져야 한다. 교회 상황에 따라 어려운 부분이 많겠지만, 대상과 상황에 맞는 방송 시스템과 미디어 영상과 여기에 맞는 전문인과 장비를 준비하는 데에도 소홀히 하지 말아야 한다. 더 나아가 교회가 세상 속에서 하나님 나라를 증시하며 활력 있게 복음을 전파하기 위해서는 먼저 세상의 필요를 채우는, 밖으로 나아가는 교회의 사명을 다해야 한다. 흩어진화평교회는 이러한 차원의 작은 움직임으로 카페와 W홀을 운영하고 있다.

본질을 보존·발전·증대시켜 나가기 위해서
변화는 필수적이다.

©양선아

(마9:17) 새 포도주는 새 부대에...

사랑의 인내가
필요해요

모든 운동 가운데 내가 제일 못하는 운동이 축구인데, 축구를 알고 나서는 모든 운동을 배설물과 같이 여겼다! 내가 즐겨쓰는 말이다. "축구에도 인내가 필요하다." 손으로 하는 운동(탁구, 배구, 볼링 등)은 그래도 누구에게도 뒤지지 않게 어느 정도 잘 하는데, 축구는 늦게 시작하다 보니 쉽게 늘지 않았다. 축구를 잘하지 못할 때 주변 동역자들의 입에서 이런 저런 소리가 있지만 신경 쓰지 않고 재미있게 즐기곤 했다.

함께 축구를 시작한 내 나이 또래들은 실족해서 넘어져 벌써 다른 운동으로 전환한 지가 오래 되었다. 그러나 나는 25년 이상 한결같이 일주일에 두 번씩 운동장에 나갔다. 축구를 하며 몸도 단련했지만 무엇보다도 축구를 통해 교회가 무엇인지를 배운다. 축구 안에 교회론

　　　　　　　　　　　　　흩어지는 목회

이 다 담겨 있다는 생각이 들 때가 많다.

> "그의 안에서 건물마다 서로 연결하여 주 안에서 성전이 되어 가고 너희도
> 성령 안에서 하나님이 거하실 처소가 되기 위하여 그리스도 예수 안에서
> 함께 지어져 가느니라." _엡 2:21-22

축구하면서 오랜 세월 인내의 결과로 확실한 포지션(Left Wing)을 갖게 되었다. 특별한 시합 경기 외에는 누구도 그 자리를 차지하지 않는다. 혹 내가 조금 늦게 가더라도 회원들이 배려해주며 그 자리를 비켜준다. 그 자리를 얻기까지 모진 풍파, 엄동설한 다 겪었다고 우스갯소리를 주고받기도 한다. 이렇게 축구에도 인내가 필요한데 하물며 목회랴.

사역의 인내

36년 이상 목회를 해오면서 사람과의 관계에서 인내, 그리고 사역에 대한 소망 중에 인내가 얼마나 중요한가를 절실하게 경험했다. 시작과 과정이 쉽지는 않지만 소망 중에 사랑으로 인내할 때 얻는 은혜와 축복은 비할 데 없이 크다는 것을 알게 되었다. 언젠가 은퇴하신 존경하는 선배 목사님이 교제의 자리에서 들려주신 이야기가 생각이 난다. "훌륭하게 10년 목회를 잘 한 목회자에게는 고개를 숙이고, 20년 목회를 잘 한 분에게는 허리를 굽히고, 30년 목회를 잘 한 분에게는

무릎을 꿇어라"

이 말이 주는 의미가 무엇일까? 인간의 죄성, 연약성, 무지로 인하여 목회를 한결같이 훌륭하게 잘 한다는 것이 쉽지 않다는 말이다. 목회자의 길이 쉽지 않으므로 본질을 붙잡고 흔들림 없이 끝까지 바르게 목회한 분은 존경할 만하다는 교훈일 것이다.

부족하지만 나도 인내의 결과로 얻은 것들이 많다. 제자훈련 사역(36년)과 가정교회 사역(26년), 가정교회목회자세미나 사역(23년), 그리고 겸임교수 사역(22년), 흩어지는교회(분립개척) 사역(16년)이다. 이렇게 긴 여정에 변함없이 한 우물을 팔 수 있었던 것은 이러한 사역을 하면서 얻는 보람과 기쁨이 갈등과 어려움들보다 더 컸기 때문이다. 야곱이 라헬을 사랑함으로 7년을 수일같이 여겼던 것처럼, 본질적인 이 사역들을 좋아하고 사랑했기 때문에 인내할 수 있었고, 그 결과 사역의 열매가 풍성했다. 하나님의 위대한 역사를 이루었던 사람들은 한결같이 소망 중에 사랑으로 인내한 사람들이었다.

사람들에 대한 인내

어느 날 지방에서 목회하는 친구 동역자가 찾아와서 "이중적인 장로 한 사람 때문에 너무 힘들어 목회 그만둬야겠다"라고 말한 일이 있다. 그때 나는 "이중적인 것 정도는 참을 만하다, 오중적인 인격을 지닌 사람도 교회 안에 있을 수 있다"고 말하면서 위로하고 격려해준 적이

흩어지는 목회

있다. 주님 사랑 가지고 사랑으로 인내할 때 천하보다 귀한 한 사람을 살리고, 사람을 많이 얻게 되고, 사랑이 승리케 된다는 것을 목회 현장에서 경험할 수 있다. 목회를 하다 보면 별별 사람과 별별 일들을 다양하게 만나게 된다. 각기 다른 생각과 기질을 가진 사람들이 모두 모인 곳이 교회이기 때문이다. 목회자에게 요구사항도 다르고 기대감도 다르며, 남녀노소 빈부귀천 가릴 것 없이 모두 모였기에 각각 필요도 성숙도도 다 다를 수밖에 없다. 그러나 한 가지 공통점이 있다. 그것은 모두가 자기중심적이라는 것이다. 자기 초점, 자기 의, 자기 만족, 자기 의존, 자기 영광에 집중한다. 성도들이 성경적 가치관을 바탕으로 바르게 교회를 섬기고 목회자를 대하면 좋겠지만 그렇지 못한 경우가 많다,

그럼에도 불구하고 목회자는 인내하며 성경적인 바른 교회관을 가지고 본질에 충실한 목회를 변함없이 이루어가야 한다. 그리할 때 결국 함께 지어져가는 아름다운 공동체를 세울 수 있다. 많은 목회자들이 바른 목회 철학을 확립하지 못한 채 교인들의 요구에 흔들려 목회함으로써 공동체가 진리 안에서 하나가 되지 못하고 상처와 분열로 세상으로부터 지탄받고 있다.

교회 안에서 세속주의를 배격하고 몰아내기 위해서는, 우선 목회자가 예수 그리스도의 마음을 품고(빌 2:5-8), "이제 내가 사람들에게 좋게 하랴 하나님께 좋게 하랴 사람들에게 기쁨을 구하랴 내가 지금까지 사람들의 기쁨을 구하였다면 그리스도의 종이 아니니라"(갈 1:10)라고

외치던 바울처럼, 찬란한 하늘의 영광을 바라보며 사랑으로 인내하는 길 밖에 없다.

성격 급한 나지만 그래도 세 가지 인내한 것이 있다. 첫 번째는 제자훈련이고, 두 번째는 가정교회, 그리고 세 번째로는 나를 힘들게 하는 사람들에 대한 인내였다. 목회 사역을 하면서 단골손님처럼 찾아오는 시험으로 힘들고 어려운 일들이 있었지만 그것을 인내함으로 얻어진 열매들이 풍성하여 한국 교회와 목회자들에게 흘려보내며 지금과 같은 글도 기쁜 마음으로 쓸 수가 있는 것 같다.

목회의 위기는 누구에게나 찾아오는 법, 누구에게나 크고 작게 필수적으로 따라온다. 나의 목회 여정을 맛으로 비유하며 목회자들에게 소개할 때 쓴맛, 단맛, 짠맛, 신맛 다 경험해보았다고 말하기도 한다. 어느 때는 밥맛, 잠 맛, 살맛, 목회 맛을 잃을 때도 있었고, 어느 때는 모든 일을 다 포기하고 싶기도 했고, 탈진(burn out) 되어 엘리야처럼 어디론가 사라져 며칠간 마음껏 울다가 오고 싶을 때도 있었다. 어느 때는 교회 중직자들이 너무 미워서 품고 사랑할 수 있게 해달라고 시간을 정해 놓고 기도하던 시절도 있었고, 또 어느 때는 하나님마저도 나를 외면하고 숨어버리시는 것처럼 느껴지는 때도 있었다. 사랑하는 사람들로부터 오는 실망감, 주변에 그렇게 많은 사람이 있지만 어느 누구도 내 마음을 조금도 알아주는 사람이 없는 듯 외로움과 고독 속에서 목회하던 때도 있었고, 그토록 사랑했던 사람들로부터 배신을 당하는 느낌을 받아 '우리 예수님이 당하신 배신이 이런 것이었구나'를 잠시지만 실감 있게 느낄 때도 있었다.

목회 사역에서 사랑의 인내를 위한 제언

☑ 십자가를 지기까지 사랑하시고(히 12:2), 우리를 끝까지 사랑하시는(요 13:1) 사랑의 예수님을 바라보자.

☑ 사람을 이해하자. '사람은 누구나 죄인이라는 것, 모두가 허물과 상처, 약점을 가지고 있다는 것, 모두가 다 자기중심적이라는 것'을 기억하고 인죄론적 측면에서 사람을 있는 그대로 이해하자.

☑ 인내의 주님을 깊이 묵상하자. 사랑은 오래참고 참으며 바라고 견디는 것이다(고전 13:4-7).

☑ 과거에서부터 오늘에 이르기까지 주께서 나를 통하여 행하신 일들을 묵상하자. 주님께서 나에 대해 사랑으로 기다려주셨기에 오늘 내가 존재하고 있는 것을 기억하자.

☑ 인내의 결과들을 생각하고 긍정적인 생각을 가지자. 사랑의 인내가 가져올 축복들을 생각하고 내 인생 마지막을 생각하자.

☑ 하늘의 찬란한 영광이 나를 기다리고 있음을 기대하자.

☑ 미워지는 사람, 배신하는 사람이 있어도 이전에 한때라도 잘해준 것을 생각하고 사랑하며 인내하자.

그러나 지나놓고 생각해보면 모든 것이 감사한 것뿐이고 모든 것이 하나님의 은혜임을 고백할 수밖에 없다. "우리가 알거니와 하나님을 사랑하는 자 곧 그의 뜻대로 부르심을 입은 자들에게는 모든 것이 합력하여 선을 이루느니라"(롬 8:28)

사람에 대해서 끝까지 품으라, 기다리라, 이해하라. 아무리 분하고 억울하고 속이 상해도 인내하라, 소망 중에 인내하라, 사랑으로 인내하라. 목회 사역이 힘들고 열매가 나타나지 않아도 기다리라 때가 되면 꽃이 피고 열매를 맺는다.

"소망 중에 즐거워하며 환난 중에 참으며 기도에 항상 힘쓰며." _롬 12:12

목회는
사랑의 인내이다.

흩어지는 목회

다시 목회해도
지금처럼 할 것 같다

과연 성경적인가?

나는 평생 세 가지 사역에 집중해왔다. 사람 세우는 제자훈련(36년), 공동체성을 지향하는 가정교회 소그룹사역(26년), 선교지향적 목회(33년)이다. 이 사역들은 주님이 하셨던 사역이고 교회에 위임하신 본질적인 사역이다. 나타나는 열매들 때문에, 다시 목회해도 지금처럼 할 것 같다는 말을 확신 있게 한다.

사람을 세우는 제자훈련 사역은 개척 초기부터(1988년) 시작했고 가정교회 사역은 1998년 9월부터 시작하여 오늘까지 계속 해오고 있다. 하나님께서 이 두 가지의 사역을 통하여 화평교회에 주신 축복들을 수십 년간 한국 교회와 세계교회 목회자들과 선교사들에게 나누어 주는 사명을 감당케 하셨다.

많은 목회자들이 어떻게 제자훈련사역을 하게 되었는지, 또 가정교회 사역을 하게 된 배경이 무엇인지 질문할 때 나는 "주님이 세우신 교회, 또 성경이 가르치는 목회가 무엇인지 고민 끝에서 제자훈련과 가정교회 사역 그리고 선교지향적 목회에 집중하게 되었다"라고 확신 있게 대답한다.

나는 목회자로 부름 받은 이후, 세속화 되어가는 한국 교회의 모습을 보며 성경에서 말하는 교회와 또 성경에 근거한 사역이 무엇인가에 대해서 고민과 연구, 묵상을 많이 했다. 목회에 대한 무슨 계획을 세우고 사역을 할 때 그것이 성경적인지 질문을 던지며 확인해보고 점검해보는 습관을 가지곤 했다.

진 게츠(Gene Getz)는 오늘날 교회들이 시행하는 사역들을 세 가지로 조명해보아야 한다고 강조했다. 첫째, 성경적인가? 둘째, 교회사적인가? 셋째, 문화적인가? 정말 의미가 있는 질문이다. 수단과 방법을 가리지 않고 성장지향적, 목적지향적으로 나아가고 있는 교회들이 자신들이 나아가는 방향이 과연 성경적인지 조명해보기를 소망한다. 내가 제자훈련이나 가정교회 소그룹 사역이나 선교지향적 목회를 변함없이 집중하며 지속해오고 있는 가장 큰 이유는 이 세 가지가 성경에 바탕을 둔 사역이기 때문이다.

1. 제자훈련 사역

☑ 예수 닮아가는 훈련 (예수 닮은 사람 만들어내는 것)

☑ 관계를 증대시키는 훈련

☑ 자기를 죽이는 훈련(전인적 변화)

☑ 하나님 나라 가치관을 형성하는 훈련

☑ 매력(균형) 있는 그리스도인을 만드는 훈련

☑ 소그룹 지도자(사역자)를 만들어내는 훈련

2. 화평교회 가정교회의 특성

☑ 제자훈련을 기초로 한 가정교회

☑ 공동체성을 지향하는 가정교회

☑ 말씀을 중요시하는 가정교회

☑ 큰 공동체와 독립·보완·유기적 관계인 가정교회

☑ 분가·재생산에 역점을 둔 가정교회

제자훈련과 가정교회 소그룹 사역을 통해 얻은 복이 너무 많다. 간단히 정리하자면, 화평교회라는 큰 공동체와 가정교회라는 기초 공동체가 서로 보완·유기적인 관계 속에서 균형있는 건강한 공동체로 성숙해가고 있다는 것이다. 또 훈련된 평신도사역자들이 많이 탄생된 것과 훈련과 사역이 조화 있게 이루어져 하나님 나라를 충만히 경험하는 교회가 되었다는 것이다. 사람 세우는 제자훈련, 그리고 공동체성을 지향하는 가정교회 소그룹은 화평공동체의 목회의 두 기둥이다.

3. 흩어지는 선교지향적인 목회

성경 전체의 관심사와 주제는 '하나님 나라 확장'이다. 화평교회와 흩어진화평교회는 국내에 10개의 분립개척과 해외에 중국을 비롯한 10개 이상의 나라에 100여 명의 선교사들을 파송 또는 협력했다. 그리고 20년 가까이 선교지에 방문하여 현지 목회자와 신학생들을 세미나와 강의로 섬기며 지도해왔다. 그 결과 그 땅에 선교의 풍성한 결실을 맺고 있다.

한국기독교사연구소 소장 박용규 교수는 '분립개척 평가 세미나'에서 이 시대 한국 교회 부흥의 최고 대안은 분립개척이며 교회가 교회를 분립 개척해야 함을 강조한다. 한 가지 놀라운 사실은 분립개척 잘하는 교회들을 리서치해보니 거의 대부분이 제자훈련하는 교회였다는 것이다(2022년 6월 교회분립개척에 대한 생명적 교회사적 평가).

그렇다. "제자훈련 사역은 모든 사역의 기초이고 원천이며 바탕이다." 내가 즐겨 쓰는 말이다. 제자훈련으로 교회가 세워질 때 교회가 건강할 뿐 아니라 성도들도 바른 태도와 동기를 가지고 교회와 세상을 섬기게 되고, 그 결과로 나타나는 열매도 크다는 것을 알 수 있다.

32년 목회성적표

사명감을 가지고 흩어진 교회로 오기 전 후임목사 청빙을 바로 앞에 두고 청빙위원회는 '앞으로 어떤 분이 화평교회 후임목사가 되었으면 좋겠는가?'라는 온라인 리서치를 실시했다. 몇 가지 설문 중 목회 철학에 관한 문항을 소개해본다.

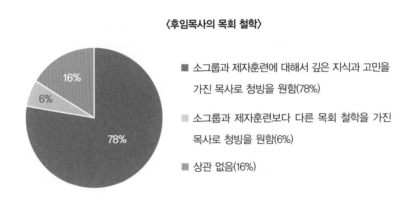

〈후임목사의 목회 철학〉

■ 소그룹과 제자훈련에 대해서 깊은 지식과 고민을 가진 목사로 청빙을 원함(78%)

■ 소그룹과 제자훈련보다 다른 목회 철학을 가진 목사로 청빙을 원함(6%)

■ 상관 없음(16%)

2019년에 실시한 리서치의 이 결과를 보면서 나는 화평교회 식구들에게 32년간 실시해온 제자훈련과 22년 동안의 가정교회 사역이 결코 헛되지 않았음을 발견할 수가 있었다. 개척해서 대형교회로 성장한 현장을 내려놓고 또다시 분립개척 한다는 것은 분명 쉽지 않았다. 그러나 이러한 결과는 화평교회 개척자로서 쏟은 나와 아내의 땀과 눈물, 그리고 부족했지만 섬김과 가르침과 인내를 그대로 나타낸다는 생각에 큰 위로와 격려와 기쁨이 되었다. 어떤 것과 비교할 수 없는 만족감이 들었다. 학교 다닐 때 A+ 받을 때와는 비할 수 없는 뿌

듯함이 생겼다.

마치 주님으로부터 32년간 목회 성적표를 받는 것처럼 느껴졌다. "잘하였도다 착하고 충성된 종아 네가 적은 일에 충성하였으매 내가 많은 것을 네게 맡기리니 네 주인의 즐거움에 참여할지어다"(마 25:21)라는 말씀이 생각났다.

나는 평생 목회하면서 교회당 건축이나 교인 숫자나 물질이나 외적 성장에 목표를 둬본 적이 없었다. 부족해도 본질의 목회, 성경에 근거한 사역에 충실해보려고 노력한 것밖에 없는데, 하나님께서는 구하지 아니한 아름다운 교회당, 큰 양적 성장, 하나님 나라 건설에 필요한 예산 등을 충분하게 공급해주셨다.

> "그런즉 너희는 먼저 그의 나라와 그의 의를 구하라 그리하면 이 모든 것을 너희에게 더하시리라." _마 6:33

흩어지는 목회

II부

흘어진 교회
이야기

©양선아

이제
흩어지는 교회로!

2008년 화평설립 20주년을 맞이하면서 내세운 캐치프레이즈가 "이제 모이는 교회에서 흩어지는 교회로!"였다. 화평공동체는 설립 후 20년 동안 하나님께서 행하신 많은 놀라운 일들을 경험했다. 청년 세 명으로 시작한 교회가 내적·외적으로 크게 성장하여 한국 교회와 세계 교회를 섬기는 교회가 되었다. 축복에는 사명이 있다. 그것은 교회 안의 교회가 아니라 세상을 향해 밖으로 나아가는 교회, 보냄을 받은 교회가 되는 것이다.

그해 화평교회는 호주에 어린이 선교를 위한 선교사를 파송했고, 북한 선교를 위해 선교사를 파송했다. 이때부터 본격적으로 본 교회 부교역자 중심으로 흩어지는교회 분립개척을 시작하여 2019년까지 여덟 개의 교회를 분립개척했다.

희망의교회, 세움교회, 마당넓은교회, 빛난이슬교회, 더불어숲화평교회, 더드림교회, 서울나눔과섬김의교회, 더보듬교회.

2020년에는 담임목사였던 내가 "흩어진화평교회"로 아홉 번째 분

이제 모이는 교회에서 흩어지는 교회로!

① 아시아 A국을 비롯하여 세계 각 곳에 수백 명의 선교사와 평신도사역자들을 파송하며 협력하는 것이다.

② 건강한 모델교회로 성장하여 한국 교회와 목회자들을 돕고 섬기는 것이다.

③ 계속 평신도들을 훈련시켜 작은 공동체를 확산시켜 나가는 것이다.

④ 고통 받고 소외된 자들을 돌보고 섬김으로 하나님의 품으로 인도하는 것이다.

⑤ 다음세대 사역에 주력하여 하나님 나라의 일꾼들을 많이 배출하는 것이다.

⑥ 고양시를 중심으로 한 지역사회에 예수 그리스도의 복음을 전하여 영적으로 지역을 책임지는 것이다.

⑦ 화평의 가족들이 함께 예배하고 배우며, 사랑하고 섬기는 가운데 하나님 나라를 충만히 경험하는 것이다.

립개척을 하게 되었다. 놀라운 사실은 12년 전 20주년 때 "이제 모이는 교회에서 흩어지는 교회로!"라면서 2020비전을 선포했는데, 나 자신이 그 비전대로 2020년 1월에 분립개척하여 나와 있는 게 아닌가! 당시에 계획한 것도 아니고, 이렇게 될 줄은 전혀 예상치 않았던 일이다. 하나님께서 행하시는 일이 너무 신기하고 놀랍기만 하다.

왜 교회가 흩어져야 하는가?

흔히 교회의 사명을 말할 때 '모이는 교회'와 '흩어지는 교회'로 표현한다. 다르게 표현하면 '부름 받은 교회'와 '보냄 받은 교회'로 말할 수 있다. 성경에서 모이는 교회로 사명을 잘 감당한 교회는 초대 예루살렘 교회를 꼽을 수 있다(행 2:42-47). 흩어지는 교회의 사명을 잘 감당한 대표적인 교회는 안디옥 교회이다(행 11:19-26).

안디옥 교회는 교회가 부흥되자 즉시 충성스러운 하나님의 사람 바울과 바나바를 이방 선교를 위해 파송했다(행 13:1-3). 모이는 교회로서 그냥 안주할 때 하나님은 흩으신다. 고인물이 부패하고 썩듯이 공동체가 흩어져서 사명을 감당하지 않으면 부패하고 정체감에 빠지게 되는 것이다. 화평교회의 흩어지는교회 분립개척의 모델은 안디옥 교회이다(행 11:19, 13:1-4). 화평공동체가 흩어져야 하는 이유는 다섯 가지이다.

첫째, 교회론적 측면에서 흩어져야 한다. 성경에서 말하는 교회는 고와 낙을 같이하는 공동체이다(롬 12:15-16). 지체 의식, 가족 의식, 형제 의식을 가지고 신앙생활 하는 것이 이상적인 교회의 모습이다. 그러나 수백, 수천, 수만 명 모이는 공동체 안에서는 이런 모습이 거의 불가능하다. 우리 예수님은 대중에게 투자한 시간보다 소수에게 투자한 시간이 훨씬 더 많다. 우리는 성경에서 말하는 건강한 공동체를 이루기 위해서 작은 그룹으로 흩어져야 하는 것이다.

둘째, 교회사적(역사적) 측면에서 흩어져야 한다. 교회사를 살펴보면 한 공동체가 100년 이상 지속적으로 성장하고 성숙해간 예가 거의 없다. 한국 교회와 세계 교회의 역사를 살펴보면 시대가 흐르고 지도자가 바뀔 때 공동체가 쇠퇴하기 시작하며, 한때 부흥을 이루었던 교회도 50년, 70년이 지나면 생명력을 잃어가는 것을 쉽게 발견할 수 있다. 아름다운 신앙과 사상이 계속 진행되고 발전을 유지해가면 좋으련만, 인간의 연약함과 죄성, 그리고 시대의 변화 등의 이유로 쉽지가 않다. 존 스토트(John Stott)나 칼빈(John Calvin)이 말한 것처럼 이 땅에 있는 교회는 부패하기 쉬우니 늘 개혁되어야 하며, 주님 오시는 그날까지 흠이 있게 마련이다. 교회 규모가 커지면 커질수록 구조적으로나 시대 상황 속에서 사명을 제대로 감당할 수 없으므로 흩어져야 하는 것이다.

셋째, 문화적 측면에서 흩어져야 한다. 우리 시대는 상상할 수 없을 정도로 변화하고 있다. 지금 시대를 AI시대, 제4차 산업혁명시대, 뉴노멀 시대, 모바일, 스마트폰, 인터넷, 유비쿼터스 시대 등으로 부르고 있다. 본질은 변하면 안 되지만, 형태는 보존하고 본질을 발전시키기 위해서라도 과감하게 바꾸어야 한다. 한물간 리더십과 옛날 구조로는 이 시대 교회가 세상에서 사명을 감당할 수 없다. 이 시대 주님이 찾으시는 교회, 모든 사람이 요구하는 교회는 본질의 교회이다. 시대적 정황 속에서 본질의 교회를 세우기 위하여 흩어져야 한다.

넷째, 현실적 측면에서 흩어져야 한다. 교회가 대형화 되고 교인 수가 많아짐에 따라, 지체들에 대한 효율적인 돌봄과 사역의 한계, 그리고 서로의 깊은 관계 형성 등에 역부족 현상이 나타나게 된다. 또 기존 성도와 새로운 식구들과의 깊은 관계 형성이나 공동체 의식, 마음껏 헌신할 수 있는 환경과 영적 분위기 등에서 한계성을 말하지 않을 수 없다. 교회가 크다고 무조건 문제가 있다는 것이 아니라 더욱 이상적이고 아름다운 공동체를 이루어 가는 데 있어서 아쉬움이 있다는 말이다. 화평교회는 각 소그룹 훈련과 가정교회 모임을 통해 대형교회가 맛보기 어려운 여러 가지 영적 축복들을 누리고 있지만 이것만으로는 만족할 수가 없다. 더 건강하고 아름다운 선교적 교회가 되기 위해서 흩어져야 한다.

다섯째, 미래적 측면에서 흩어져야 한다. 앞으로 어떠한 시대가 도래할지는 예측불가이다. 코로나 팬데믹을 겪으면서, 공간이 아무리 아름답고 웅장해도 무용지물처럼 느껴지는 것을 경험했다. 앞으로 이와 같은 바이러스나 환경 등 재앙의 시대가 다시는 없을 거란 보장은 없다. 코로나 같은 위기 상황 속에서, 가정교회 소그룹과 제자훈련뿐만 아니라 각종 교육과 훈련 등을 유튜브와 줌(zoom)을 이용한 하이브리드로 시·공간을 초월하여 할 수 있음을 알게 되었다. 바로 이러한 시대적 환경 가운데에서 대형 교회나 중형 교회보다는 작은 소그룹 교회가 더 기민하게 대처할 수 있고 유리하기 때문에 미래적인 측면에서 교회는 흩어지는 것이 이상적이라고 볼 수 있겠다. 또한 미래에 대한 불확실하고 불안한 마음을 가진 현대인들은 친밀한 관계나, 안전감과 소속감을 주는 소그룹 환경을 더 지향하기 때문에 교회는 흩어져야 한다. 그러므로 흩어지는 교회 운동은 흩어져 또 하나의 교회를 세우기보다 주님이 기뻐하시는 건강한 교회를 세우기 위한 시대적 요청이라고 감히 말할 수 있다.

"주를 섬겨 금식할 때에 성령이 이르시되 내가 불러 시키는 일을 위하여 바나바와 사울을 따로 세우라 하시니 이에 금식하며 기도하고 두 사람에게 안수하여 보내니라." _행 13:2-3

흩어지는 목회

동시다발적으로
모두 흩어지자

분립개척을 한다는 것이 인간적으로 쉽지는 않았다. 나 개인적으로는 살점을 떼어내는 듯한 아픔도 있었다. 따라나가는 성도들 대부분이 흩어지는교회 분립개척에 대한 비전과 사명감이 있고 교회를 사랑하고 충성하는 사역자들이어서 더욱 그러했다.

사명감을 가지고 여러 번 흩어지는 분립개척을 해보니, 아름답고 건강하게 서가는 교회도 있었지만, 내가 생각했던 것만큼 교회가 건강하게 부흥하지 못한다는 아쉬움이 나타났다. 그때마다 '기회가 되면 내가 흩어지는교회로 나가야겠다'는 생각을 했다.

창세기를 보면 노아홍수 이후 사람들은 바벨탑을 하늘에 닿을 정도로 높게 쌓아 "온 지면에 흩어짐을 면하자" 하였으나 하나님은 그

들을 온 지면에서 흩으셨다(창 11:1-9). 사도행전에 보면 초대 예루살
렘 교회가 계속 흩어지지 않고 머물러만 있을 때, 하나님은 핍박을 만
나게 하여 흩으시고 선교지향적 공동체인 안디옥 교회를 세우셨다(행
11:19, 13:1-3).

2016년 6월 가정교회지도자모임 시에 '흩어지는교회 비전 세미나'
를 개최했다. 이 세미나에서 하나님께서 28년간 화평교회를 통하여
행하신 놀라운 일들을 나누면서, 축복에는 사명이 있음을 강조했다.
왜 흩어져야 하는지, 흩어진다는 의미가 무엇인지, 언제, 어떻게 흩어져
야 하는지에 관한 강의를 했다. 여기서 나는 화평교회 거의 모두가 동
시다발적으로 흩어져서 분립개척을 할 것을 제의했다.

개척 시(1988년도)부터 2010년 2월까지 화평교회 등록한 성도는 가정교회
별로 흩어지든지, 광역별 지도자 중심으로 흩어지든지, 지역교회나 형제교
회로 가는 방법으로 자유롭게 선택하여, 2010년 2월 이후부터 현재까지 등
록한 성도들만 화평교회에 남게 하자.

나와 우리 가족도, 나도 1988년 1월에 화평교회 개척등록을 했으니
흩어지는 대상에 해당되었다. 사실 아내와 나는 나갈 생각을 염두에
두고, 흩어질 때 후임자를 어떻게 세울 것인가 등을 고민하며 세미나
를 준비한 것이었다.

일주일 후, 평신도지도자 대상으로 '흩어지는교회 비전 세미나'에 대한 리서치를 했다. 수십 개의 항목 중 가장 중요한 몇 가지가 크게 문제점으로 나타났다.

'흩어지는 교회에 대한 비전을 어떻게 생각하는가?'에서는 83퍼센트가 '찬성한다'로 나왔다. 그러나 '동시다발적 흩어짐'에 대해서는 '적극 반대한다'가 80퍼센트 이상 나왔다. '당신이 흩어지는교회로 가는 것에 대해서 왜 소극적인 생각을 갖는가?'에서는 '너무 건강하고 성경적인 공동체인 현재의 화평교회를 아직은 떠나고 싶지 않다', '흩어질 때 함께하고 싶은 목회자나 교회를 찾기가 쉽지 않다' 등의 이유를 들었다.

이러한 결과를 보면서 우리 화평교회가 동시다발적 흩어지는교회를 하기에는 아직 이르다는 생각을 하고, 하나님 앞에 기도하면서 일단 보류하고 내려놓기로 마음을 정리했다. 본격적으로 '흩어지는교회'를 하기에는 아직 준비가 되지 않았다는 판단 아래, 일단 철회하기로 마음을 먹었다.

이 일 후에도 계속해서 세 개의 흩어지는교회를 분립개척했지만, 때마다 시마다 자꾸 내 마음 가운데서는, '흩어지는교회, 나도 해야지', '내가 나가야지' 하는 생각이 들어 아내에게 "아무래도 우리가 나가야겠어요, 여보, 우리가 나갑시다!"라고 가끔 말하기도 했다. 그러다가 결국 3년 후에 담임목사인 나 자신이 흩어지는교회로 나오게 되었다.

이제는
네가 나가라!

"평신도를 지도자로 세우는 교회, 소그룹 중심으로 성숙해가는 교회"라는 표어를 가지고 교회 사역한 지가 30년이 넘어가는 때였다. 성경에서 말하는 본질의 교회를 세우려고 제자훈련과 가정교회 소그룹을 목회 사역의 두 기둥으로 삼고 흔들림 없이 달려왔다. 20주년이 되는 때, "이제 모이는 교회에서 흩어지는 교회로!"를 비전으로 선포한 후, 12년 동안 여덟 개의 흩어지는교회 분립개척을 부교역자 중심으로 해왔다. 그렇지만 늘 내 마음 가운데 일어나는 고민과 소원이 있었다.

한국 교회와 화평교회의 미래를 위하여 '담임목사인 내가 흩어지는 교회로 나가야겠다'는 생각을 자주 했다. 교회마다 흩어지는교회 사역을 하면 한국 교회가 건강해지고, 화평교회도 앞으로 고인물이 되지 않고 더욱 부흥과 변화와 성숙을 가져올 수 있겠다는 확신이 들었다.

흩어지는 목회

그 이후에도 기도할 때마다 "네가 나가라!"는 말씀이 마음 가운데 세미한 음성으로 들리는 듯했고, 늘 '내가 나가야지!' 하는 생각과 마음을 품고 있었다. 그러다가 설립 31주년 기념 주일에 "내가 흩어지는 교회로 나가겠다"고 화평가족들에게 선포한 것이다. 아내 외에는 누구와도 의논하지 않았다.

예레미야가 "내가 다시는 여호와를 선포하지 아니하며 그의 이름으로 말하지 아니하리라 하면 나의 마음이 불붙는 것 같아서 골수에 사무치니 답답하여 견딜 수 없나이다"(렘 20:9)라고 고백했는데, '흩어지는교회' 사명에 대하여 나도 예레미야 같은 심정이었다. 한국 교회와 미래의 화평교회를 생각하면, 그리고 주님이 나와 우리 교회에 주신 은혜와 사랑을 생각하면 가만히 있을 수가 없었다. 주님이 기뻐하시는 교회, 이 시대 주님이 찾으시는 교회, 역사 속에 모델이 되는 교회를 사랑하는 화평가족들과 함께 이 땅에 세우며 남기고 싶은 것이 나의 간절한 소원이었다.

창세기를 보면, 부친 데라를 따라 고향을 떠나 하란에 살던 아브람에게 하나님께서는 "고향, 친척, 아버지의 집을 떠나 내가 네게 보여 줄 땅으로 가라"라고 말씀한다(12:1-3). 인간적으로 생각하면 그때 아브람은 그 말씀을 따를 상황이 아니었다. 75세의 적지 않은 나이에, 부친 데라도 세상을 떠난 직후여서 가족을 책임져야 했는데 조카 롯까지 돌보아야 했다. 게다가 하나님은 고향으로 돌아가지도 말라고 하시고 어디로 가야할지도 정확하게 알려주시지 않으셨다. 그러나 아브람은 말씀을 따라 나갔다. 나는 '흩어지는교회 분립' 하면 아브라함이 생각났다.

2016년에 동시 다발적으로 흩어지는교회를 하자고 제의할 때는 15년 가까이 묶였던 교회 땅이 개발 제한에서 풀린 바로 직후(2015년 7월)였다. 이번에도 교회설립 30주년을 맞이하여 교회 보수 및 증축헌금(3층)도 다 준비된 상황이었기에, 인간적으로 생각하면 앞으로 편안하게 누리며 남은 목회를 할 수도 있었다. 그러나 하나님은 나를 그냥 놔두시지 않으셨다. 이 넓은 땅(임대 포함 대지 1800평)과 3개 동 건물의 공간들과 수많은 사랑하는 성도들(당시 아이들 포함 2,200여명)을 뒤로한 채 떠난다는 것은 쉬운 일이 아니었다.

내가 '흩어지는교회 분립'을 결단하기 전, 하나님께 드린 기도가 있었다. "하나님 아버지, 저 개척교회 해보았잖습니까? 저, 상가교회에서 단칸방, 지하방, 월세방 등을 옮겨 다니면서 고생 많이 한 것, 주님 아시잖습니까? 저 개인적인 생각으로는 그런 길을 다시 걷고 싶지 않습니다. 왜, 저를 다시 그쪽 방향으로 등 떠밀어내십니까? 저 싫단 말입니다." 그런데 그때 나에게 하나님의 음성처럼 들려지는 확신은, "너 100퍼센트 후회하지 않을 길을 선택하는 거다", "네가 한국 교회와 화평교회의 현재와 미래를 위해서 흩어지는교회로 나가라!"였다. 한 그루터기 같은 교회를 역사 속에 남기기 위하여 네가 나가라는 것처럼 들렸다. 그때 나는 "그럼 제가 나갈 테니까 하나님이 저 책임져 주셔야 합니다. 아멘!" 하고 기도했고, 그러고나니 마음에 깊은 확신과 평안이 흘러넘쳤다. 기도를 마쳤을 때가 새벽 2시쯤 되었다. 그렇게 최종적으로 내린 결정을 아내에게 메시지로 알렸다.

흩어지는교회를 결단하고 나니 너무 기쁘고 감사했다. 나같이 연약하고 부족한 사람을 하나님께서 이 시대 귀한 일에 사용해주시기 때문이다. 흩어지는교회 사명을 위해서는 그 어떤 고난이나 어려움도 각오가 되어지고 이 땅에 어떤 것이라도 내려놓을 수 있다는 생각도 들었다. 그러나 '담임목사 흩어지는교회 분립' 선포 후, 행복하게 교회를 사랑하며 섬기고 있는 화평가족들에게는 무척 미안한 마음이 들었다.

나는 갑자기 흩어진 교회로 나온 것이 아니었다. 오래전부터 계속 마음 가운데 일어났던 흩어지는교회 비전이 동역자들을 통하여 행해지다가 담임목사인 내 자신이 사명감으로 실천하게 된 것이다.

누가
더 섭섭할까?

31주년 되던 2019년 1월 27일 주일 설교 중에 화평교회에 주신 사명 따라 흩어지는교회로 담임목사인 내가 나가겠다고 선포했다. 바로 전 주간에 당회원들에게는 미리 이 사실을 문자로 알렸다. 토요일 저녁 장로님들이 목양실로 찾아와 급구 만류했다. "아무리 사명 따라 가신 다고 하지만 우리를 어떻게 하고 떠나십니까?" 32년 전에 개척해서 훌륭하게 세워진 화평교회에 끝까지 계시면서 사역하는 것이 교회적 으로나 목사님께 크게 복된 일이 아니냐고, 그리고 더욱 잘 받들어 최 선을 다하여 협력할 것이니 나가지 말라며, 어떤 일이 있어도 주일에 발표하는 것은 보류해주기를 바란다고 간청했다. 그러나 나는 하나님 이 이 시대 나와 화평교회에 주신 비전이기에 흩어지는교회로 나가야

흩어지는 목회

함을 강조하며 장로님들의 요구를 단호하게 거절했다. 나 자신이 설립한 교회임에도 원로목사직이나 담임목사직을 내려놓고 떠나는 이유 중 가장 큰 것은, 한 그루터기와 같은 교회, 주님이 기뻐하시는 교회를 이 땅에 하나 더 남기고 싶어서였기에, 오랜 시간 기도하면서 내린 결단을 철회할 수 없었다.

그리고 다음날, 주일 예배 설교 시 이 뜻을 선포했다. 화평가족들의 반응은 여러 가지로 나타났다. 많이 놀라는 분위기, 너무 섭섭해하는 분위기, 워낙 단호하게 선포하니 그냥 허락할 수밖에 없는 분위기, 그냥 편하게 계시지 왜 떠나시나 의아해하는 분위기, 왜 우리를 버리고 떠나시려는가 염려, 근심하는 분위기 등이었다. 집안 식구, 형제들은 고생하며 개척해서 세운 그 큰 교회를 놔두고 왜 다시 개척교회 하려는지 의아해하며 대부분 반대하기도 했다. 나는 이미 흩어지는교회를 하기로 한 것에 대해서 어떠한 상황과 분위기가 되든, 누가 뭐라 하든 흔들릴 것 같지가 않았고, 마음이 담대하고 평안했다. 시기적으로는 결단을 내리고 선포한 것에 후회는 전혀 들지 않았다.

비전 선포 이후 1, 2주가 지나자 더 이상 왜 떠나시느냐, 왜 흩어져 분립개척 하시느냐며 만류하는 성도들이 없었다. 그러자 나는 스스로 결정하고도 속으로 서운한 마음이 들었다. 2주 후 주일 예배가 끝나고 나서 주위에 있는 권사님들 몇 분에게 농담 비슷하게 말을 던졌다. "이제, 내가 떠난다 해도 만류하는 권사님들이 하나도 없는 것을 보니 좋으신가 보네요?" 그러자 권사님들이 "목사님! 정말 우리 맘을 모르시네요. 우리는 얼마나 많이 섭섭하고 마음이 아픈지 속으로 많이 울고 있어요. 워낙 목사님이 흩어지는교회에 대한 사명이 확실하시기에 아무 말 못하고 있는 것입니다"라고 말하였고, 나는 "그럼 됐어요"라고 대답했다. 권사님들의 이러한 말이 참으로 위로와 격려가 되었다. 한편으로는 연약해진 내 모습과 내 인격의 성숙도가 이정도 밖에 안 되는구나 하는 생각에 하나님과 권사님들에게 좀 부끄럽기도 했다.

그때는 "주님 가신 길 십자가의 길 외롭고 무거웠던 길" 찬양 가사가 마음에 많이 들어와 혼자 부르며 눈물짓기도 하고, 주님이 주신 흩어진교회 비전을 생각하며 간절한 기도로 홀로 시간을 보내기도 했다.

©양선아

(사 6:13) 그 그루터기는 남아있는 것같이…

흩어지는 목회

후임자를
추천합니다

한국 교회 안에는 목회자가 13만 명 가까이 된다고 한다. 부족한 내가 평생 목회자들을 섬기고 가르치며 지도하는 사역을 해왔기에 교역자들을 많이 알고는 있었지만, 그 많은 목회자들 중에 주님이 찾으시는 목회자가 얼마나 될까 하는 생각을 하면 걱정되는 때가 많다. 홍수 속에 마실 물이 없는 것처럼, 참 목회자 찾기가 쉽지 않다. 뉴스, 교계 신문 등 각종 매스컴을 통해 목회자들에 대한 부정적인 소식들을 쉴 새 없이 듣게 된다. "너희는 예루살렘 거리로 빨리 다니며 그 넓은 거리에서 찾아보고 알라 너희가 만일 정의를 행하며 진리를 구하는 자를 한 사람이라도 찾으면 내가 이 성읍을 용서하리라"(렘 5:1).

모세는 가나안 땅 문턱에 다다랐을 때 불평, 원망하는 이스라엘 백성 앞에서 하나님의 거룩함을 드러내지 않는 일로 인하여 가나안 땅을 들어갈 수 없게 되었고, 그러자 자신의 후계자를 위하여 기도했다. 하나님께서 한 사람을 회중 가운데 세워서 여호와의 백성이 목자 없는 양과 같이 되지 않게 하시기를 간청하였다. 그러고는 결국 여호수아를 자신의 후계자로 세워서 그의 사명을 다했다(민 27:15-23). 존 맥스웰은 "후계자 없는 성공은 성공이 아니다. 참 지도자는 계승으로 측정된다"라는 귀한 교훈을 던져주고 있다.

나는 '흩어지는교회 분립' 선포 이후 화평의 다음세대를 이끌어 갈 목회자는 어떤 사람이어야 할지 많이 고민하며 기도했다. 그러고는 지난 10년 동안(부교역자 7년, 파송선교사 3년) 복음 안에서 나와 화평가족들과 함께했던 김정민 목사를 추천하게 된 것이다. 담임목사로서 누군가를 추천한다는 것은 쉬운 일이 아니다. 나의 이름과 명예와 무엇보다 우리 화평공동체의 미래가 관련되기 때문이다.

여러 날 동안 온 화평가족들이 함께 전심으로 기도했고, 결국 공동의회에서 제2대 담임목사로 김정민 선교사가 선택되었다. 투표 전에 칼럼이나 메시지를 통해 화평가족들에게 김정민 목사 추천 이유를 알리고 싶었지만, 노회에서 파송된 대리 당회장과 선거관리위원회 앞에서 선거의 공정성을 위해 청빙후보에 대해서는 일체 홍보하지 않기로 결의했기 때문에 사전에 아무런 말도 하지 않았다.

공동의회에서 결정되고 나서 위임식 전에 김정민 목사를 화평교회 다음세대를 이끌어 갈 후임목사로 추천한 7가지 이유를 화평가족들에게 주보 목회 칼럼을 통하여 게시하였다.

① 정직성과 진실성

이것은 그리스도인에게 뿐 아니라 일반인이나 특히 기독교 지도자들이 갖추어야 할 기본이며 생명같은 자질이다. 이 땅에 위선적이고 거짓된 사람들이 얼마나 많은가. 지난 10년간 주님 안에서 교제했을 때, 김정민 목사님은 정직과 진실로 일관된 모습을 보여 주었다.

② 근면성과 성실성

김정민 목사님은 교회 일에 얼마나 부지런한지 모른다. 김 목사님이 시간과 몸을 아끼지 않고 하나님 앞에서 성실하게 사역하는 모습을 나는 눈여겨보았다. 교회 문을 열고 닫는 일부터 넓은 교회당 안팎을 자기 집 이상으로 스스로 챙기는 모습도 많이 보았다.

③ 신뢰를 바탕으로 한 역량과 리더십

김 목사님이 하는 말은 다 신뢰가 갔다. 그는 행정 능력도 탁월하여 젊은 나이지만 화평교회를 맡길 때 내 마음이 놓이며, 무슨 일이든 감당할 수 있는 사람이라는 확신이 들었다. 김정민 목사님은 학창시절 학교 성적도 우수하고 다양한 분야에서 일반계시와 특별계시 그리고 영성과 인성, 리더십 등을 균형 있게 갖추고 있을 뿐만 아니라 지적인 공신력을 가진 목회자이다.

④ 바른 목회 철학과 비전

사람 세우는 제자훈련과 공동체성을 지향하는 소그룹 사역에 확실한 철학과 비전을 가지고 있다. 지난 7년 동안 우리 화평가족들과 본질적인 두 가지 사역에 함께하면서 검증된 분이다. 앞으로 부임하면 과감한 변화와 발전, 그리고 새로운 분위기 속에서 더욱 역동성 있게 두 가지 사역에 집중하게 될 것이다. 더군다나 화평교회의 최고 비전인 선교적 공동체를 세우는 일에 현장과 이론을 갖추고 있기 때문에 더욱 기대가 된다.

⑤ 탁월한 관계성

교회에서 사역할 때 성도들이 남녀노소를 막론하고 김 목사님을 존경하고 사랑하며 많이 따르고 좋아하는 것을 보았고 또 느낄 수 있었다. 나는 목회자들을 섬기고 가르칠 때 '목회는 관계'임을 많이 강조한다. 특히 그와 함께했던 동역자들은 선후배, 교역자, 성도를 막론하고 김 목사님을 많이 좋아하고 사랑한다.

⑥ 바른 물질관

물질은 그 사람을 시험해 볼 수 있는 시금석이라고 말할 수 있다. 오늘날 사회에서나 기독교 지도자들이나 물질에 대한 욕심으로 시험에 빠지는 일들이 많은데, 김 목사님은 물질에 초연하여 사명감 가지고 사역하는 것을 확인할 수 있었다.

⑦ 하나님 사랑, 교회 사랑, 성도 사랑

화평공동체 안에서 7년간 같이 동역하며 하나님을 뜨겁게 사랑하고 화평공동체와 성도 한 사람 한 사람을 진정으로 사랑하는 모습을 볼 수 있었다.

결혼은 100점짜리 두 사람이 만나서 200점 만드는 것이 아니라 50점짜리인 두 사람이 만나서 100점을 만드는 것이라는 말이 있다. 김정민 목사님에게 부족하고 연약한 모습이 있다면, 화평가족들이 보완해 주고 동역하며 협력해 주어야 할 부분이다. 나는 김정민 목사님의 현재 모습만 본 것이 아니라, 미래의 무한한 가능성을 보고 추천하였다. 나이도 젊고 목회 경륜도 짧다. 설교와 가르치는 사역 등에서 경험이 많지 않다. 그러나 하나님께서 당신의 교회를 위하여 김정민 목사님께 지혜와 권능을 주시고, 장로님들과 성도님들이 잘 동역만 한다면 얼마든지 과거보다도 더 위대한 화평공동체를 세워갈 수 있다고 확신한다. 내가 떠난 후 그리고 머지않은 날, 왜 최상태 목사가 김정민 목사님을 화평교회 후임자로 세웠는지 그 이유를 알겠다고 말하는 것을 듣고 싶다. 그리고 김정민 목사님은 정말 하나님께서 화평교회를 위해 세운 참 지도자라고 말하는 성도들의 고백을 듣고 싶다.

"단에서부터 브엘세바까지의 온 이스라엘이 사무엘은 여호와의 선지자로 세우심을 입은 줄을 알았더라." _삼상 3:20

사랑하는 화평가족 여러분!

새로운 시대에 후임자 김정민 목사님과 함께 주님이 찾으시고 기뻐하시는 교회를 세워나가십시오.

저희 부부가 부족하지만 주님의 은혜로 32년 동안 생명처럼 여기면서 인생을 다 바친 우리 화평교회가 이 시대 주님이 찾으시는 아름답고 멋진 공동체로 우뚝 서기를 간절히 소원합니다.

찬란한 하늘의 영광을 바라보면서 주님이 우리를 부르시는 그날까지, 또 부활의 주님을 만날 때까지 최선을 다하여 함께 수고하는 화평가족들이 될 수 있기를 살아계신 나의 하나님께 무릎 꿇고 기도드립니다.

"폐하시고 다윗을 왕으로 세우시고 증언하여 이르시되 내가 이새의 아들 다윗을 만나니 내 마음에 맞는 사람이라 내 뜻을 다 이루리라 하시더니."_행 13:22

– 화평가족을 사랑하는 최상태 목사

흩어지는 목회

내려놓음의
은혜

막상 흩어지는교회 분립개척으로 화평교회를 떠나려 하니, 옛날 신학교 들어갈 때 기분과 개척 시작할 때의 감정이 마음 가운데 일어나고 여러 가지 생각들이 떠올랐다.

"부름 받아 나선 이 몸 어디든지 가오리다

괴로우나 즐거우나 주만 따라 가오리니

어느 누가 막으리까 죽음인들 막으리까

어느 누가 막으리까 죽음인들 막으리까"

- 찬송가 323장 부름 받아 나선 이 몸

주님이 기뻐하시는 교회, 성경에서 말하는 교회를 세울 수 있다면 어떠한 대가라도 지불할 수 있고 어떠한 고난이라도 감수할 수 있으며, 그 어떠한 것이라도 내려놓을 수 있다는 각오와 다짐을 수년 전부터 해왔다.

"바울이 대답하되 여러분이 어찌하여 울어 내 마음을 상하게 하느냐 나는 주 예수의 이름을 위하여 결박당할 뿐 아니라 예루살렘에서 죽을 것도 각오하였노라 하니." _행 21:13

나는 힘들고 곤고하고 외로운 길을 자발적으로 선택했다. 이제 목회 후반전을 누리며 사역할 수 있었지만, 더 의미 있고 가치 있는 사역을 위해 좁은 길, 낮은 곳으로 가기로 결단한 것이다. 그것은 자발적으로 신청하여 나를 따라온 흩어진화평 식구들 모두 마찬가지다. 미래에 후회하지 않을 길을 믿음으로 택한 것이다. 그런데 한편으로는 은퇴를 5, 6년 앞에 두고 있는 나이에 예전과 같은 열정이 일어날 수 있을까 하는 인간적인 염려도 생겼다.

일방적으로 분립개척을 선포한 후 화평교회를 떠나기를 몇 개월 앞에 두고 있을 때 수많은 생각들이 뇌리에 스쳐갔다. 사랑했던 사람들로부터 받은 왠지 모를 서운함과 섭섭함, 세 명의 형제들과 함께 힘들게 개척하면서 지내왔던 옛 시간들, 교회밖에 모른다 할 정도로 나의 시간과 물질, 은사와 역량을 아내와 함께 송두리째 드렸던 화평공동

흩어지는 목회

체의 32년 목회 사역(미도상가 6년, 대명상가 12년, 화정지구 14년), 교회 부지가 15년이나 개발 제한에 묶여 힘들었던 세월들이 주마등처럼 떠올랐다.

한편으로는 지금은 그 넓은 땅에 아름답게 채워진 건물과 공간들, 사람들, 이 모든 것을 내려놓고 떠나자니 내가 가야할 곳이 초라하기가 그지 없어 보였다. 갑자기 쓰리고 시리고 아프고 외로웠다. 모두다 나를 외면하고 떠나가는 것 같고 등을 돌리는 것처럼 느껴졌다. 나를 위로해 주는 사람, 격려해 주는 사람, 함께할 사람이 하나도 없는 것처럼 생각되기도 했다. 그때 나는 '내려놓음'과 '주님이 가신 십자가의 길'을 잠시나마 체험하는 것처럼 생각되기도 하였다.

어느 날, 가정교회목회자세미나를 몇 번 참석했고, 5, 6명 모이던 개척교회에서 대형교회를 이룬, 성경 다음으로 내 책을 많이 읽고 목회에 적용한다는 수원의 어느 목사님이 나에게 이렇게 말했다. "최 목사님처럼 제자훈련 하고 가정교회 사역하며, 목사님처럼 분립개척 많이 하고 싶습니다." 그때 나는 "사명감 없으면 사랑하는 성도들 내보내는 분립개척이 쉽지 않습니다"라고 대답했다.

또 어느 후배 목사님이 나처럼 흩어지는 분립개척도 하고 때가 되면 담임목사로 직접 흩어지는교회로 나가고 싶다고 말할 때, 나는 분립개척 하는 일도 힘들지만 그것보다 20배 이상 힘든 것이 개척한 대형교회 내려놓고 분립개척 나가는 것이라고 말해주었다. 자신이 개척한 교회를 떠나서 흩어지는교회를 하는 것은 제정신 가지고는 못할 일인 것 같다고 말했다. 주님의 사랑이 강권하시지 않으면, 또 그분께

붙잡힌 바 되지 않으면 할 수 없는 일이 개척한 교회 담임목사가 분립
개척 하는 일이다.

위로자를 보내신 하나님

분립개척을 준비할 때 주님은 나에게 큰 위로와 격려가 되는 분들을
만나게 해주셨다. 마침 화평교회 초청으로 가을신앙 강좌에 오신 김
형석 교수님의 말씀이다. "할 일이 있을 때까지 이 땅에 남겨두시고
할 일 없을 때는 데려가 주십시오!" 나는 이 말을 들으며 '단 한 번뿐
인 인생, 주 앞에 서는 날까지 의미 있고 보람되게 살아야겠다!'라는
생각이 들었고, 내가 선택한 분립개척의 길은 100퍼센트 후회하지 않
을 일임을 확신할 수가 있었다.

또 《내려놓음》의 저자 이용규 선교사님은 나 같은 경험을 먼저 해
보신 분이어서 큰 위로와 격려가 되었다.

"목사님! 내려놓으시니 평안하신가요?"

"참 평안합니다."

"그럼 됐습니다. 최 목사님! 개척해서 메가처치로 세우시고, 또 그
것을 내려놓으시니 주께서 주시는 위로와 평안이 크실 것입니다."

싱가폴의 애드먼드 챈(Edmund Chan) 목사님과 지금은 고인이 되신
팀 켈러(Timothy J.Keller) 목사님은 건강한 목회를 하신 후 조기 은퇴하셔
서 동역자 교회들을 순회하면서 업그레이드해 세상 속에서 영향력을
발휘하는 공동체로 세워가는 사역을 하셨다. 이런 사역들은 내가 지

금도 하고 있지만 은퇴 후에도 앞으로 계속 하고 싶은 사역들이기에, 그분들을 접하면서 큰 위로와 격려를 얻었다. 호렙산에서 엘리야가 세미한 음성을 듣고 다시 힘을 얻었던 것처럼, 마음이 심히 약해져 있을 때 이런 귀한 분들과의 만남은 큰 힘이 되었다.

분립개척을 선포한 후 내려놓음이 무엇인가를 크게 느꼈다. 주께서 주신 은혜와 복을 생각하면 주 앞에서는 내려놓은 것이 하나도 없다는 생각도 한다. 그런데 개척해서 세운 교회를 내려놓고 흩어진교회로 나오자니, '내려놓음'이 무엇인가를 한 단어로 표현하기가 쉽지는 않았다. 분명한 것은 내려놓음은 마음이 쓰리도록 시리고 아픈 것, 서운하고 슬프고 외로운 것이다. 그러나 내려놓을 때 주시는 주님의 위로와 은혜, 그리고 임재와 기쁨은 말로 표현할 수 없을 만큼 크다는 것을, 화평교회를 사임하고 흩어진화평교회로 파송받고나서 실감 있게 경험했고 지금도 경험하고 있다.

"생각하건대 현재의 고난은 장차 우리에게 나타날 영광과 비교할 수 없도다." _롬 8:18

담임목사 흩어지는교회 분립
동참 신청서

교 회 명   : 흩어진화평교회(가칭)

담임목회자   : 최상태 목사

교회당소재지 : 원흥역 앞 효림빌딩 3층, 4층, 5층

시작예정   : 2020년 1월 첫 주일부터

신   청   : 9월 29일(주일)과 10월 5일(주일)

Vision

1. 주님이 기뻐하시는 통전적인 선교공동체

2. 지역사회에 선한 영향을 주는 공동체

3. 다음세대를 일으키는 공동체

설립 30주년 행사 때 "30년의 화평의 발자취는 오직 주의 은혜의 발자취"라고 말했다. 나는 이렇게 대형교회 목회를 하리라고는 꿈에도 생각지 않았다. 오직 성경에서 말하는 교회, 주님이 세우셨던 본질의 교회를 세우는 일에 집중하고 흉내내며 달려 왔을 뿐이었다. 그런데 외적인 면으로는 넓은 공간과 환경, 그리고 2천 명 이상(교회학교 포함)의 교회를, 내적인 면으로는 한국 교회와 세계 교회 지도자들을 섬기는 사역을 감당하게 되는 은혜를 얻었다. 하지만 그러한 중에 한 가지 큰 아쉬움으로 남는 것이 있다. 그것은 교회가 커지면 커질수록 교회 안의 연약한 지체들을 한 명 한 명 제대로 돌보는 게 어려워졌다는 점이다. 그래서 남은 목회 기간은 '개척교회 때처럼 하는 목회, 개척교회 때처럼 열심히 기도하고 심방하고 한 사람 한 사람을 귀히 여기며 돌보기, 특히 가난하고 힘들고 연약한 노약자분들과 함께하는 목회에 집중하는 것'을 소망하게 되었다.

이렇게 감사인사와 더불어 다짐을 하고 흩어지는교회로 가겠다고 선포한 후 후임자 세우는 일에 집중하다 보니 막상 내가 나갈 준비는 거의 하지 못한 상황이 되고 말았다. 예산이나 장소, 사람이나 사역 비전, 인테리어 등등을 정리정돈하면서 준비했어야 했는데, 떠나기 2개월 정도 전에야 겨우 준비하기 시작하니 쫓기는 느낌이 들었다.

먼저, 장소는 최고 적합한 곳(현 장소)으로 쉽게 계약이 이루어져 너무 감사했다. 그 다음은 고와 낙을 같이하며 공동체를 세울 사람들이다. 나는 분립해서 나갈 때 개인적으로 만나 권고하거나 찾지 않고,

후임목사를 정한 후 자발적으로 나와 함께할 성도를 2주간 신청 받겠다고 처음부터 선포했다.

2019년 9월 마지막 주일과 10월 첫 주일이 신청 받는 주일이었다. '얼마나 따라 올까? 누가? 어떤 분이 따라올까?' 나와 아내는 '함께할 분들의 수에 연연하지 말자', '하나님이 누구를, 혹 몇 분을 보내주시든지 그대로 수용하자'고 다짐하면서 새벽마다 기도했다. 그렇지만 어느 분은 함께하면 참 좋겠다고 생각되어 속으로 기도하기도 했다. 어떤 분은 따라온다는 소문도 간간이 들려왔고, 저분만큼은 꼭 왔으면 했는데 전혀 움직일 기미가 보이지 않는 분도 있었다. 나는 많은 분들이 함께하는 것보다는 충성스런 평신도사역자들과 젊은이들이 함께했으면 했고, 어느 분과는 꼭 함께하여 건강한 교회를 세우고 싶다는 생각도 했다.

첫 주일 신청 결과

제자훈련을 마치고 집에 들어가니 1차 신청 결과가 나왔다는 연락이 왔다. 그런데 그 결과를 보고 나는 너무나도 놀랐다. 온다고 하던 사람도, 왔으면 했던 사람도 아무도 신청하지 않아 기대하고 예상했던 인원의 4분의 1도 안 되게 신청한 것이다. 그리고 신청한 분들 대부분이 교회오신 지 오래된 어르신들, 얼마 되지 않은 새가족들, 변방에서 교회 나오시는 분들이었다. 나는 잠시 실의에 빠졌다. 힘든 과정을 거치면서 후임자를 정하는 큰일을 이루었지만, 이러한 상황으로 나갈

흩어지는 목회

생각을 하니 이루 다 말할 수 없는 섭섭함과 허탈감이 몰려왔다. 힘들어하는 내 모습을 옆에서 지켜보던 아내가 "당신 정말 성질도 급하다. 한 주 더 기다려봐요. 이렇게 중요한 일을 누가 첫 주부터 쉽게 결정해서 신청하겠어요? 다음 주에는 우리가 기도하며 기다렸던 분들이 신청할거에요!"라고 말했다. 이 말을 듣고 나는 위안을 얻는 동시에 회개의 마음이 들었다. 분명히 하나님께서 이 시대적 사명을 위해 "네가 나가라, 내가 책임져주겠다"라고 응답과 확신을 주셨는데, 한 주간 신청 받고 예상대로 이루어지지 않았다고 흔들리는 내 모습에 주님께 부끄러운 생각이 들었다.

둘째 주일 신청 결과

한 주간을 더 기도하며 신청자를 기다렸다. 신청 마지막 날 주일도 제자훈련을 마치고 밤 9시 경에 집에 들어갔다. 아내가 실망한 모습으로 하는 말이, 오늘은 지난주보다 더 적게 신청했고, 기대했던 분들은 신청하지 않았고, 첫 주간에 신청한 분들과 비슷하게 화평교회 변방에서 신앙생활 하던 분들이나 새가족들과 어르신들, 특히 연약한 분들이 신청했다는 것이다. 우리와 함께하기로 한 류성룡 목사도 신청자 명단을 정리하면서 너무 힘들어 하더라고 아내가 덧붙여 말했다.

정말 힘든 순간이었다. 아내와 함께 개척해서 32년간 일궈낸 교회에서 (물론 전적으로 하나님의 은혜지만), 사명을 가지고 낮은 자리로 가려는 길에 왜 이토록 따라오는 사람이 적을까? 내려놓을 수 있는 것은 다 내려놓고 (하나님 앞에서는 부끄럽지만) 사명 가지고 가는데, 어째서 동역자들이 함께하지 않을까? 하나님께서는 나가라 하실 때는 언제고, 나가려고 결단하니까 왜 채워주시지 않는가? 왜 이루어주시지 않고 인도해주시지 않는가? 이런 인간적인 서운함과 섭섭함, 허탈감과 배반감 등이 큰 파도와 같이 몰려왔다. 말로 표현할 수 없는 먹먹함까지 느껴졌다. 바울이 옥중에서 임종을 앞에 두었을 때, 바울을 멀리하고 떠났던 사람들과 끝까지 함께했던 동역자들의 이름이 떠오르기도 하였다. 그날 밤 나는 서운함과 걱정 때문에 뜬 눈으로 밤을 지새웠다.

아둘람 공동체

다음날, 신청하신 분들을 두고 묵상하며 기도하는데, 사무엘상 22장에 등장하는 '아둘람 공동체'가 떠올랐다. 다윗이 10년 이상을 사울에게서 이리저리 쫓겨 다니던 중에 한번은 아둘람굴에 숨게 되었다. 그때는 다윗에게 가장 두렵고 위급한 상황이었고 가장 힘든 시기였다. 가까이에 있던 믿을 만한 사람들은 대부분 그를 멀리하고 피했다. 그때 사백 명 가량의 무리가 다윗에게로 왔고, 끝까지 함께 도망 다니게 되었다. 그들 대부분은 환난 당한 자, 빚진 자, 연약한 자, 가난한 자들이었다. 그때는 다윗이 잘나갈 때가 아니라 인간적으로 가장 힘들고 외롭고 곤고할 때였다. 이런 아둘람 공동체를 묵상할 때, 나 자신과 이번에 나를 따르며 흩어지는교회에 오기로 신청한 분들이 연상되었다.

어떤 면에서 볼 때, 교회를 개척하고 32년 목회에서 하나님의 은혜

흩어지는 목회

로 교회가 크게 부흥하고 나도 목회자로서 (세상의 말로 표현하자면) 잘나 갔었다. 그러다가 사명을 위해 낮은 데로 내려가는 상황이 되었다. 이런 나와 끝까지 함께하겠다는 성도들이 얼마나 감사하고 고마운지. 더군다나 그들 중에는 아둘람 공동체에 몰려왔던 사람들처럼 환경적으로 외롭고 힘들고 어려운 분, 과거 젊은 날부터 힘겹게 살아오신 분들이 많았던 것이다.

30주년 때 성도들 앞에 감사인사를 하며 했던 말이 생각났다. "앞으로 남은 목회 기간에는 개척교회 때처럼 약하고 힘든 사람들을 섬기며, 초심으로 사역하고 싶다." 개척교회 때처럼 성도 한 사람 한 사람을 귀히 여기며 기도해주고 심방하며 세워주는 일에 내 남은 목회를 걸고 싶다는 포부를 밝혔지 않은가! 2년 전 그때가 생각나자 나는 하나님 앞에 꿇어 엎드려 하염없이 눈물을 흘리면서 감사기도를 드렸다. 하나님께서 내가 원했던 대로 그러한 성도들을 보내주셨고 그대로 응답해주셨다는 확신 때문에 회개기도가 터져 나왔다. 그렇게 기도하고나니 마음에 큰 평안과 확신이 생겼다. 서운함과 두려움은 사라지고, 동참 신청을 하신 성도님들 한 분 한 분이 더욱 귀하게 보이고 그분들께 감사한 마음이 들었다.

이 일 후에 한 주간 지나면서 놀라운 일이 일어났다. 공식적인 신청 기간은 끝났지만 메일과 문자 혹은 직접 전화로 연락을 주셔서 신청하는 분들이 점점 늘어났다. 대부분 평신도사역자로서 충성스러운 분들이었다. 수적으로는 두 주 동안 신청한 성도들이 100명 내외였는데 이후에 50여 명 정도가 더 신청해서, 영아유치부 등 교회학교를 포함하여 총 200명 정도가 되었다. 나는 성도 수에 관한 기도는 안 했는데, 아내는 수적으로도 기도했던 딱 그 인원이라면서 하나님께 감사기도를 드렸다.

바라던 바대로, 원하시는 때에 들어주시는 하나님이심을 믿으면서도, 눈앞의 결과에 낙심하고 불평하며, 연약하여 흔들렸던 내 모습이 주님 앞에 부끄러웠다. 또한, 앞으로 이 귀한 가족들과 함께 흩어진교회에서 하나님의 위대한 비전의 역사를 이룰 것을 생각하니 마음에 설렘과 기대감이 흘러넘쳤다.

"하나님이 자기를 사랑하는 자들을 위하여 예비하신 모든 것은 눈으로 보지 못하고 귀로 듣지 못하고 사람의 마음으로 생각하지도 못하였다 함과 같으니라." _고전 2:9

흩어지는 목회

"흩어진화평교회"
설립을 위한 기도회

주님이 찾으시는 교회, 성경에서 말하는 교회 즉 본질의 교회를 다시
한번 세우고 싶은 사명감 때문에 "흩어진화평교회"를 개척해 나가기
로 결정했다. 세 명의 형제들과 시작하여 32년간 목회한 정든 교회를
사임하고, 늦은 나이에 다시 개척하여 교회를 세운다는 것이 인간적
으로는 용기가 나지 않았지만 하나님의 강권적인 역사로 결단하고나
니 오히려 평안함과 자유함이 찾아왔고 새 희망이 넘쳤다.

　10년 이상 화평교회에서 부교역자로, 파송 선교사로 동역했던 신실
한 목사를 (공동의회를 통해) 후임으로 결정을 하고난 후, 흩어지는교회
를 위한 준비를 시작했다. 사명감을 가지고 자발적으로 흩어지는교회
로 가겠다고 신청한 화평교회 성도들이 예배 공간으로 준비하는 장소

에서 첫 모임을 가졌다. 한 사람 한 사람이 모두 흩어진화평교회의 초석이 될 귀한 분들이다. 교회론적 측면으로는 다양성 속에서 통일성을 이루는 건강한 교회를 세울 만한 성도들이었기에 더욱 기대되었다. 훈련된 평신도사역자 부부들을 비롯해 새가족들, 홀로 어렵게 지내는 분들, 몸이 아픈 분들, 젊은이들이 골고루 흩어지는교회에 참여하였기에 너무 좋고 기쁘고 감사했다.

사실 그 누구도 화평교회의 좋은 환경들을 모두 포기하고 따라온다는 것이 쉽지 않았을 것이다. 넓은 마당과 주차장, 예배당, 교제와 휴식 공간, 화기애애하고 가족 같은 교우들을 다 내려놓고, 임대한 작은 상가의 열악한 환경으로 온다는 것이 사명감 아니면 결코 할 수 없는 일이다. 흩어지는교회 외적인 환경은 교인 수나 공간이 화평교회의 10분의 1 정도 된다. 그럼에도 끝까지 나와 함께하려고 따라온 한 분한 분이 얼마나 크게 보이던지, 나는 눈물이 나올 만큼 고마웠다. 그동안 교인 수가 많아 잘 돌보지 못했던 귀한 분들을 이제는 더 생명같이 사랑하며 섬겨야겠다는 생각이 많이 들었고, 특히 연약한 분들을 더 가까이하며 목양해야겠다는 강한 사명감이 들었다.

기도회 첫날, 모임 장소 입구에서 한 사람 한 사람 이름을 불러가며 따스하게 맞이하니 참석하신 분들이 너무 반가워하며 좋아했다. 모두 기쁨과 감사로 뜨거운 찬양과 기도를 드렸다. 나는 아직 인테리어나 의자도 준비되지 않은 맨바닥에 은박지를 깔고 앉아 찬양하고 기도하며 비전을 품고 준비하는 흩어지는교회 가족들을 보면서, 이 생명 다

바쳐서 저들을 사랑하고 동역하며 주님의 역사를 이루어 가야겠다는 다짐과 결심을 했다. 찬양과 기도가 뜨겁고 기쁨이 충만한, 정말 초대 교회 같은 분위기가 연상되었다. 첫 모임을 그렇게 보내고, 우리는 매주 그날이 되면 퇴근 후 모이고 또 모였다. 1박 수련회도 가고 크리스마스 파티도 하며, 열정과 기대와 기쁨이 넘치는 준비 모임을 두 달 이상 계속했다. '이것이 바로 성경에서 말하는 참 공동체의 모습이구나!' 하는 느낌을 강하게 받았다.

하나님께서 주신 비전은 반드시 이루어진다. '담임목사 흩어지는 교회 분립' 비전을 선포하고 나서 때로는 두려움도 있었지만, 결국은 '정말, 이렇게까지!' 하며 구체적이고 치밀한 하나님의 인도하심에 놀랄 수밖에 없었다. 창세기의 요셉이 떠올랐다(창 45:5).

결단 이후 준비 과정에서 때로는 어려움과 외로움도 있었지만, 그런 가운데서도 하나님의 임재와 능력을 수없이 경험했다. 장소, 예산, 사람, 이 모든 것들을 이미 하나님께서 다 준비해놓고 계셨음을 깨달았다. 그러고는 흩어지는교회 분립개척이 하나님께서 너무 기뻐하시는 일임을 확신하게 되었다. 하나님의 명을 좇아 순종하는 것과 내려놓는 일이 얼마나 힘든지를 경험했지만, 내려놓을 때 하나님이 주시는 복이 얼마나 큰지도 실감했다. 팀 켈러가 한 말 "Great Blessing", 한마디로 '대박'의 기쁨을 경험했다.

"여호와께서 아브람에게 이르시되 너는 너의 고향과 친척과 아버지의 집을 떠나 내가 네게 보여 줄 땅으로 가라 내가 너로 큰 민족을 이루고 네게 복을 주어 네 이름을 창대하게 하리니 너는 복이 될지라 너를 축복하는 자에게는 내가 복을 내리고 너를 저주하는 자에게는 내가 저주하리니 땅의 모든 족속이 너로 말미암아 복을 얻을 것이라 하신지라." _창 12:1-3

하나님께서 '담임목사 흩어지는교회 분립' 사명을 주시면서 내게 약속하신 것 중에 벌써 이루어진 것이 너무 많다. 건강한 공동체를 세우기 위해 기본적으로 필요한 쾌적한 공간과 예산과 사람 등을 주셨다. 나같이 부족하고 연약한 사람을 통해 이 시대 일하시는 하나님의 은혜가 너무 감사하기만 하다. 축복(구원)에는 사명이 있음을 다시 한번 새기면서, 사랑하는 흩어진화평가족들과 함께 하나님의 은혜와 능력을 힘입어 하나님이 주신 다음과 같은 비전들을 온전히 이루고 싶다.

- ☑ 통전적인 선교공동체
- ☑ 지역 사회를 책임지고 살리는 공동체
- ☑ 다음세대를 일으키는 공동체
- ☑ 역동적이고 영감 있는 예배 공동체
- ☑ 교육과 훈련의 공동체
- ☑ 한국 교회와 전 세계 목회자들을 섬기고 돕는 공동체

흩어지는 목회

담임목사
9호 흩어지는교회 파송

나이가 60대에 접어들며 은퇴에 관해 고민하게 되었다. '조기은퇴를 하고 한국 교회와 목회자들 섬기는 사역을 할 것인가? 정년까지 목회 한 후에 이 일을 할 것인가?' 결국 후자를 선택했다.

교회가 커져갈수록 작은 교회가 그리워지고 지난날 3, 4백 명 모였을 때 교회 모습이 자꾸 생각났다. 목회학에서 목사 한 사람이 맘껏 목회할 수 있는 성도 수가 300명이라고 한다. 나도 개척 초기에는 그 정도만 모이는 교회가 되면 좋겠다는 생각을 해본 적이 있다. 그런데 하나님의 은혜로 화평교회는 중형교회를 넘어 대형교회가 되어갔다. 화평교회가 건강하게 성장해갔지만, 나는 작은 교회, 3, 4백 명 정도 모이는 교회를 하나 더 세워 신나게 목회한 후 후임자에게 물려주고, 그 이후 한국 교회 목회자와 흩어져 있는 선교사 등을 섬기며 돕고 싶다는 생각을 하게 되었다.

작은 교회가 그리워지는 때

흩어지는교회를 하게 된 것이 갑작스러운 일이 아니었다. 목회 사역을 하면서 종종 작은 교회, 개척교회가 그리워지고 다시 한번 작은 교회를 하고 싶어지는 때가 있었다. 가정교회 방문 시 가정교회 식구들이 너무 행복하게 교제하며 나눌 때, 가정교회 지도자들과 함께 소그룹으로 나눔과 기도회를 가질 때, 헌신과 뜨거운 열정과 비전을 가지고 사역하는 지도자들을 볼 때, 제자반 수료 수련회를 가서 1년간 하나님이 제자훈련을 통해 주신 축복들을 함께 나누고 앞으로의 비전에 대하여 밤이 깊도록 나누며 기도할 때가 그렇다. 그리고 너무 분주하여 평신도들이나 사역자들과 마음껏 깊은 교제와 나눔을 갖지 못할 때, 새로운 식구들이 들어와 교육과 훈련을 마친 후 그들이 받은 은혜와 은사대로 맘껏 공동체 안에서 헌신하고 싶은데 구조적으로나 상황적으로 잘 이루어지지 않을 때, 약한 사람들, 힘들고 어려운 처지에 있는 사람들, 병들고 환란 중에 있는 성도들을 맘껏 섬기며 함께하지 못할 때, 하나님 나라 복음을 위하여 역동적으로 사역하고 싶은데 정체감에 머물러 화석같이 굳어버린 공동체의 단면을 볼 때, 그럴 때마다 흩어져 작은 교회를 세우고 싶어졌다.

사명감

나는 큰 교회를 꿈꾸어 본 적은 그렇게 없었다. 부족하지만 본질의 교회를 세우는 것, 성경의 원리와 방법대로 목회하는 데만 역점을 두었다. 그런데도 건물이나 땅, 교인 수가 너무 커지고 많아졌다.

교회 리서치를 해보면(NCD, 국제제자훈련원 등을 통해) 화평교회의 건강지수가 전국교회에서 제일 앞에 있을 정도였으나, 내 마음 가운데서는 고민이 떠나지 않았다. 교회가 커야 큰 일을 할 수 있다고들 말하지만, 교회론적 측면에서 보면 오히려 작은 교회가 더 교회다운 역할을 하는 데 있어 좋은 환경이며 더 적합하다고 늘 생각했다. 교회가 커야 큰 일을 할 수 있다는 것은 하나의 현상이지 본질이 아닌 것이다. 이러한 고민 끝에 나는 큰 교회보다는 작은 교회가 많이 탄생되어 세상 속에 스며들어 영향력을 주어야 한다는 결론을 내리면서 분립개척을 시작하게 되었다.

분립된 흩어진교회는 이미 한 교회에서 함께 사역하며 교제해오던 영적 가족이므로 성도 수나 공간이 어느 정도 준비되면 질적, 양적으로 크게 부흥되리라고 기대했었는데 쉽지가 않았다. 분립된 담임목회자의 역량이나 성품에 따라 교회가 부흥되기도 했지만, 구성원들의 개인적 문제, 서로간의 신뢰도 등 갖가지 갈등적인 요인들도 많았다. 이러한 상황을 보고 들을 때마다 아름답게 자리잡은 흩어진교회의 모델을 보고 싶은 마음이 컸다.

성경에서 말하는 본질의 교회

또 하나의 개척교회 세우려고 나온 것도 아니고 큰 교회, 큰 건물이 있는 교회 세우려고 나온 것도 아니다. 오직 성경에서 말하는 교회, 주님이 세우셨던 교회, 밖으로 나아가는 교회, 지역사회에 영향력을 주는 교회를 세우고 싶어서 섬기던 화평교회에서 파송받아 나온 것이다. 미국 워싱턴 D.C. 북쪽에 세이비어 교회(150여명 모이는 교회이지만 '미국 전역을 움직이는 교회'라는 별명이 붙어있다)가 있다. 새천년이 되던 때 이 교회 현장을 탐방하면서 세상 속에 영향력을 주는 이런 교회 세우고 싶다는 꿈을 가지게 되었다.

> "만나매 안디옥에 데리고 와서 둘이 교회에 일 년간 모여 있어 큰 무리를 가르쳤고 제자들이 안디옥에서 비로소 그리스도인이라 일컬음을 받게 되었더라." _행 11:26

통전적인 선교공동체

화평교회는 2016년에 인도네시아를 주선교지로 하여 김정민 목사를 파송했고, 아프리카 르완다에는 평신도 선교사 부부를 파송했다. 그 일들이 쉽지는 않았지만, 화평교회가 더욱 더 선교지향적인 교회로 세워져야겠다는 생각으로 많은 힘을 썼다. 1995년 1월 일본에 서정복 선교사를 파송한 이후 교회가 20배 이상 부흥했지만 파송 선교사는 몇 가정에 불과했으니 그동안 선교사 파송하는 일을 게을리했구나 하

흩어지는 목회

는 생각으로 주님께 너무 죄송하여 눈물이 앞을 가렸다.

물론 각 가정교회별로(100여 처소 이상) 세계 각국의 협력선교사를 섬기는 방식으로 선교 사역을 효율적으로 해왔지만 더 선교지향적인 교회로 나가고 싶었다. 그러면서 화평교회에 선교 사역에 역량과 은사가 있는 목회자를 후임자로 세우고 내가 흩어진교회로 나가야겠다는 마음이 불타오르게 되었다. 내가 교회를 분립개척해서 통전적 선교공동체로서 시대적 사명을 감당해야겠다는 생각이 수개월간 뇌리를 떠나지 않았다.

나는 우리 화평교회가 제자훈련과 가정교회로 세워지고 다듬어진 교회로서 여러 가지 측면에서 훌륭하고 건강한 교회라는 자부심이 있었지만, 통전적 선교공동체라 하기에는 미진했다는 점이 아쉬웠다. 다시 목회해도 지금처럼 (제자훈련과 가정교회) 할 것이라고 말하겠지만, 선교 사역은 더 업그레이드하여 더 성숙한 선교공동체를 세우고 싶었다.

제도화, 화석화, 고인물이 되어가는 한국 교회의 모습

이대로라면 향후 화평교회도 별수 없이 한국 교회의 어두운 뒷모습을 따라갈 것 같은 불안감이 강하게 들었다. 교회사에서, 예루살렘 교회가 한때는 이상적인 교회였지만 계속 모이는 데만 집중하고 흩어지는 교회의 사명을 소홀히 했을 때, 하나님께서 핍박을 통해 흩으신 것을 볼 수 있다. 흩어진 사람들이 모인 교회가 안디옥 교회인 것처럼, 화평교회나 이 땅의 전통교회는 분립개척, 즉 흩어지는교회가 되어야 건강한 교회가 될 수 있다. 물이 고여 썩지 않으려면 계속 샘솟고 흘러가야 하듯이, 벼는 때가 되면 못자리판을 떠나 드넓은 땅에 심겨지듯이, 교회도 흩어져 사명을 다해야 한다.

한국 교회의 현실을 보면 너무 마음이 아프다. 본질이 비본질화 되어가고 비본질이 본질화 되어가고 있으니 말이다. 제도화, 형식화, 화석화, 고인물이 되어가고 있으며 경건의 모양만 있지 내용과 실제가 없고 복음과 생명이 희미해져 위태롭기 짝이 없다.

나는 주님이 기뻐하시는 교회, 역사 속에 남은 자로서 사명을 다하는 한 그루터기와 같은 본질의 교회를 세우고 싶은 소망 때문에 화평교회를 나온 것이다. 그리고 그 결과는 "심히 좋았더라"라고 표현하고 싶다.

ⓒ양선아

흩어지는 목회

흩어지는교회를
오해한 사람들

교회가 안정되고 크게 부흥하고 성장한 상황에서 설립자로서 사명감을 가지고 하나님 앞에서 내린 결단이었지만, 주위의 시각은 제각각이었다. 나의 결단에 대해 극찬하는 분들이 소극적 시각으로 보는 사람보다는 비교가 안 될 정도로 많았지만, 내 뜻을 깊이 알지 못한 것은 주변의 목회자들이었다.

한번은 분립개척평가세미나 강사로 초청받았는데, 세미나를 며칠 앞두고 주관하는 분에게서 연락이 왔다. "최 목사님께서 화평교회를 나오면서 장로님들과 문제가 생겨 후임자도 세우지 못한 상황에서 흩어진교회로 왔다면서, 분립개척평가세미나 강사로 적합하지 않다고 노회 OO목사님으로부터 연락을 받았습니다." 나는 사명감을 가지고 스스로 흩어진교회로 분립해서 나왔기 때문에 이 말에 전혀 거리낌이 없었지만, 마음은 잠시 상했다.

또 노회의 어떤 목회자는 화평교회 장로님 한 분에게 전화를 걸어 "최 목사님 무슨 문제 때문에 개척교회로 가셨습니까? 이해가 안 됩니다"라고 말하더라는 것이다. 또 어떤 장로는 화평교회 장로님 한 분을 붙잡고 취조하듯이 최 목사님이 교회에서 무슨 일이 있었느냐고 물었다고 한다. 다른 교회에 출석하는 어떤 권사님은 최 목사가 교인들을 화평교회에서 가까운 지역으로 끌고 나가 교회를 세웠다고 지역에 소문내고 다녔고, 이 소문을 거꾸로 흩어진화평교회로 따라 나온 우리 집사님이 직장에서 듣게 되는 에피소드도 있었다.

세 명의 형제들과 함께 개척한 화평교회가 대형교회로 성장했지만, 나는 이 교회를 나오면서 아무런 대가도 요구하지 않았고, 교회에서 결정해서 주는 대로 따랐다. 32평짜리 살던 주택과 법정 퇴직금 외에는 아무것도 받지 않았고 예우금도 거절했을 뿐 아니라, 퇴직금의 반 이상을 흩어진화평교회 임대보증금으로 헌금했다. 그리고 화평교회에서는 흩어진화평교회에 개척 때부터 5년 동안 매월 수백만 원씩 협력하고 있으며, 이에 대해 정말 감사히 생각하고 있다. 부족하지만 사명감을 가지고 목회하는 나를 세상의 가치 기준으로, 자기중심적으로 보고 판단하는 시선들이 제일 힘들었다.

흩어진화평교회로 분립해서 나온 이유는 오직, 주님이 기뻐하시는 교회, 주님이 찾으시는 교회, 세상 속에 영향력을 주는 교회, 역사 속에 깊이 남는 한 그루터기 같은 교회로 세우고 싶은 '사명감' 때문이었다. 이 일을 위해서는 세상 그 어떤 것도 다 포기할 수 있고 내려놓을 수 있었다. 그때도 그렇게 생각했지만 지금도 마찬가지이다.

"영원한 것을 위해 영원하지 않은 것을 포기하는 사람은 결코 바보가 아니다." _짐 엘리엇(Jim Eliot)

무임목사로
축하를 받다?

하나님의 강권적인 역사와 은혜로 후임목사를 추천하고, 공동의회를
통해 교회가 후임을 위임목사로 선택하였다. 준비 과정 중에 좀 힘든
일들도 있었지만 위임은 순조롭게 마무리되었다. 후임자를 결정하면
서 제자훈련 하는 화평교회의 건강한 모습을 확인할 수 있었다.

10월 추계 정기노회에서 화평교회 담임목사 사임과 후임목사 위
임 청원이 무리 없이 통과되었다. '이제부터 나는 내년 흩어진교회 설
립 후 첫 노회 전까지 행정적으로 무임목사가 되었구나!' 갑자기 전혀
예상치 않았던 인간적인 허탈감과 외로움, 주변 사람들에 대한 서운
함이 나의 마음과 생각을 사로잡기 시작했다. 그때, 마침 노회 장소에
있던 화평교회 권사님과 장로님 몇 분이 후임목사와 나를 축하해주기

위해 밖에서 기다리고 있다는 연락이 왔다. 그런데 그 소식을 들은 나는 눈물이 왈칵 쏟아져 나왔다.

　개척 32년의 사역을 마무리하고 내려놓은 것도 힘든 상황이고, 행정적으로 무임목사로 전락해버린 것도 허전하고, 이제 곧 흩어진교회를 가야 하는데 함께할 사람이나 예산이나 장소 등 아직 아무것도 준비되지 않은 상태여서 인간적으로 허탈감에 빠져 있는데, 무슨 축하를 해준다고 꽃다발을 들고와서 나오라고 부르다니…. 내 마음을 읽지 못하는 장로님들과 권사님들에 대한 서운함과 섭섭한 생각이 들었다. 교회를 개척해서 평생 고와 낙을 같이하며 건강한 교회로 세웠던 아내가 밖에서 함께 이러한 상황을 다 알고 지켜보고 있을 텐데 얼마나 섭섭하고 슬플까를 생각하니 도저히 권사님들을 만날 용기가 나지 않아 거절했다. 후임목사에게는 행정적으로 화평교회 담임이 된 날이므로 축하의 꽃다발을, 나에게는 32년간 화평교회를 이끌어 온 수고를 치하하는 격려의 꽃다발을 준비한 것이었지만, 다 내려놓고 개척 나가려는 나는 오히려 섭섭함과 서러움, 당황스러움과 함께 슬픔까지 느껴졌던 것이다.

　교회를 개척하여 건강하게 세우고 생명같이 사랑하다가 교회와 성도들을 후임자에게 물려주고 또 다시 개척의 길을 간다는 것이 (멋있어 보이기도 하겠지만) 얼마나 외로운 길인지는 경험해 보지 않은 사람은 그 누구도 모를 것이라는 생각이 들기도 했다. 이때 나에게 최고의 위로와 힘은 "목사님과 끝까지 함께하겠습니다", "흩어진교회에 따라가서 동역하겠습니다"라는 말이었다.

시간이 지나, 나는 그날 나의 연약함에 부끄러워 고개를 들 수가 없었다. 나의 나약한 모습, 인간적인 모습, 성숙하지 못한 모습을 장로님, 권사님들에게 보여준 것이 정말 창피했고, 주님께 죄송하고 후회스러웠다. 비록 짧았지만 이때가 나에게는 한마디로 표현하기 어려운 고독의 시간들이었다.

무임목사를 거쳐
다시 위임목사가 되다

2019년 가을 노회 시에 화평교회 위임목사를 사임하고 화평교회 파송으로 2020년 1월 흩어진화평교회를 설립했다. 2020년 4월 노회를 앞두고 교회설립 가입 청원을 하는데, 32년간 몸담고 있었던 노회임에도 불구하고 무임목사 신분이 되었으니 절차상 완전히 처음부터 구비서류를 준비해야 하는 것에 인간적으로 짜증도 나고 서러움도 생겼다. 노회촬요에서 전에는 전입이나 위임 순서가 앞에서 두 번째로 있었는데, 위임 명단에서 빠지고 무임목사 명단 맨 아래로 가게 되었다. 1년 뒤 위임목사가 된 뒤에도 위치는 바뀌지 않고 42번째로 내 이름이 기재되어 있었다. 1년이 지나도록 누구 하나 그것에 대하여 말해 주는 사람이 없었다. 같은 노회에서 위임목사, 노회장 등의 경력을 가진 목사임에도 불구하고 다시 처음부터 진행해야 하니 별로 기분이 썩 좋지는 않았다. 목사는 노회에 속해 있고 다른 노회도 아니고 같은 노회에서 32년간 재직했던 목사를 전입, 위임 순서에서 제일 아래로 내려놓다니…. 이러한 상황을 지켜만 보는 동료 노회원들에게 인간적인 서운함마저 들었다.

더 힘든 것은 이러한 노회원들의 모습에 실족해하는 나 자신의 성숙하지 못한 모습을 보는 것이었다. 나는 누구보다도 풍요한 심리를 가지고 있다고 자신했는데, 막상 이러한 상황을 경험해보니 현실이 냉혹하게만 느껴졌다. 과거에 모든 것을 다 경험해 본 나 자신도 이러한 갈등과 열등의 생각이 일어나는데, 수십 년간 미자립교회에서 목회하는 동역자들, 열악한 환경에서 목회하는 목회자들이 얼마나 힘들까 하는 생각이 많이 들었다. 그러고는 앞으로는 이런 동역자들에게 더 많은 관심과 사랑을 쏟아야겠다는 생각도 했다.

흩어진교회는 내가 하나님의 명하심을 따라 사명감과 의도성을 가지고 일부러 원로목사직, 위임목사직을 내려놓고 감당했지만, 막상 현실에서는 누구도 인정해주지 않았고, 오히려 어리석고 무능력하게 보는 시선까지 느껴졌다. 대형교회에서 목회할 때는 도움을 받은 수많은 목회자나 선교사들, 성도들이 내 주변에 몰려들었지만, 낮은 곳으로 내려오니 아무런 연락도 없고 찾아오지도 않을 뿐 아니라, 노골적으로 외면하는 사람들도 많음을 느낄 수가 있었다. 인간적으로 표현하자면 잘나갈 때와 그렇지 않을 때 나를 대하는 정도가 현저하게 다름을 볼 수가 있었고, '인간은 너 나 할 것 없이 죄인이구나!', '인간이 참 연약하구나!' 하는 것을 경험할 수 있었다.

이제 교회를 설립했으니 무임목사에서 전도목사가 됐다. 교회의 직분자 세우는 일을 노회로부터 위임 받아 시행할 수도 있겠지만, 공동의회나 제직회 인도 등을 위해 다시 시무목사 청원을 했고, 복잡한 서류를 구비해서 노회의 허락을 받고 투표를 거쳐 시무목사가 되었다. 코로나 시국에 온라인으로 공동의회를 통해 56명의 직분자를 세웠다. 당회가 구성되려면 위임목사가 되어야 하니 또 다시 1년 후 투표와 위임식을 거쳐 위임목사가 되고 장로를 세웠다. 주변에 있는 노회 목회자들이나 성도들이 "위임목사가 되신 것을 축하합니다"라고 할 때, 겉으로는 "감사합니다"라고 말했지만 기쁜 마음이 하나도 없었다. 나는 그렇게 위임목사▷무임목사▷전도목사▷시무목사▷위임목사가 된 것이다.

다시 위임목사가 되는 데에는 교회설립 서류와 이력서 등 복잡한 절차를 거쳐야 했는데, 이러한 과정이 많이 힘들고 피곤했다. 나 같은 경우는 선례가 없는 특별한 상황이기도 했고 또 총회나 노회 규정을 철저히 따라야 함이 당연하지만, 여러 규정과 절차로 나는 많이 곤고해졌다. 다음세대들이나 나 같은 사명을 가지고 분립개척을 하려는 담임교역자들을 위해서, 노회 규정이나 행정 절차가 좀 더 단순하게 갱신되고 개선되어야 한다는 생각을 많이 했다. 예수님 당시 바리새인이나 서기관들같이 사람이 세분화하여 만든 절차와 규정들이 과연 하나님 나라의 정신에 부합되는 것인가 재고해봐야 할 때가 되었다고 생각된다.

그리고 '개척교회의 서러움이 이런 것이구나!' 하는 생각도 들었다. 이렇게 다시 시작하는 분립개척에서 본질적인 것이 아닌 지엽적인 것들이 나를 더 많이 피곤하게 만들었다.

하나님이
보내신 사람들

열악한 환경에서 교회를 개척해서 큰 교회를 이룬 목회 경험이 있지
만, 막상 분립개척 결단을 내리고 나니 세 가지가 염려되었다. 첫째는
장소, 둘째는 사람, 셋째는 예산이었다. 지난날도 개척해서 목회하면
서 하나님의 도우심과 임재하심을 헤아릴 수 없을 정도로 많이 체험했
지만, 막상 또 개척을 하려 하니 어디로 갈까, 누가, 얼마나 따라올까,
필요한 예산은 어떻게 충당할까 등의 생각이 먼저 드는 것이 사실이었
다. 하나님께서 알아서 책임지시고 인도하시리라는 확신을 갖고 결단
했지만, 아무것도 준비된 것이 없었기 때문에 인간적인 걱정에서 자유
롭지 못했다. 분명한 것은 화평교회에 공식적으로 재정적인 도움을 요
청하거나 분립개척 명목으로 헌금을 집행하지 않았다는 것이다.

그러나 하나님께서 모세를 애굽으로 보내시며 그와 함께하시겠다는 약속으로 기적과 표징을 주신 것처럼, 하나님께서는 오직 비전만 가지고 시작한 사역에 코로나 시국에서도 함께하심의 증거들을 많은 기적으로 보여주셨다.

공간(장소) 건물주의 말에 의하면, 흩어진화평교회 자리는 건물 건축 후 다른 목회자들이 수없이 찾아와 교회당으로 임대해줄 것을 요구했지만, 수년간 묵혀 두면서도 한 번도 허락하지 않았다고 한다. 교회의 위치로는 최고의 환경이었다. 그런데 나에게는 비용도 설립 시까지 준비하도록 여유를 주며 임대를 허락해주었다.

보증금 계약금이 준비되지 않았는데 화평교회 성도가 아닌 부교역자 시절부터 교제해오던 지인이 헌금해주었다. 또 지역 주민들과 생활관에 머무는 1천여 명의 대학생들 전도를 위해서 필요한 카페 공간을 위해 기도하고 있었는데, 90세 넘으신 한 지인이 사위와 함께 방문하여 카페와 선교관을 준비할 수 있도록 헌금해주셨다.

가정교회세미나 코로나 시국이었지만 한국 교회와 목회자들과 선교사들을 섬기는 가정교회세미나를 지속하고 싶은 열정이 컸다. 예산 관계로 주저하면서 주께서 예산을 주시면 하고 주시지 않으면 하지 않겠다고 기도 중에 있었다. 그런데 그해 등록한 새가족이 온·오프라인 하이브리드로 세미나를 개최하기에 충분한 헌금을 해서, 코로나 시국에도 은혜롭고 풍성하게 세미나를 개최할 수 있었다. 나중에 알고 보니 등록한 새가족이 그해에 사업이 크게 잘 되어 수천만 원의 십

흩어지는 목회

일조를 드린 것이었다. 32년 목회하면서 한 사람이 이렇게 십일조를 많이 한 일은 처음 있는 일이었다. 하나님의 전적인 도우심과 은혜였다. 초기 분립개척하면서 염려했던 것도, 사람도, 예산도 주께서 하나님의 사람들을 통하여 넉넉하게 채워주셨다.

> "하나님의 일을 하나님의 영광을 위해서 할 때 하나님은 필요한 것을 넉넉하게 채워주신다." -허드슨 테일러(James Hudson Taylor)

질적, 양적 부흥 화평교회에서 함께 나온 흩어진가족들이 어린이 포함 200여 명이었는데, 코로나 팬데믹 속에서도 3040세대 젊은 부부 중심으로 배 이상의 부흥을 이루게 하셨다. 뿐만 아니라 화평공동체가 중시하는 제자훈련 및 각종 교육훈련을 해마다 지속적으로 실시할 수 있었고, 통전적인 선교공동체로서 파송선교사 세 가정을 보낼 수 있었다.

분립개척은 하나님의 임재와 역사가 강하게 나타나고 있는 생명력 있는 현장이라고 말하고 싶다. 이 모든 영광을 주님께 돌린다.

> "너희는 먼저 그의 나라와 그의 의를 구하라 그리하면 이 모든 것을 너희에게 더하시리라." _마 6:33

흩어진화평의
4대 비전

교회 이름의 의미

1988년 화평교회 개척 시 교회 이름을 지을 때 고민을 많이 했었다. 기도를 통해 "그는 우리의 화평이신지라"(엡 2:14)와 "화평케 하는 자는 복이 있나니 저희가 하나님의 아들이라 일컬음을 받으리라"(마 5:9) 말씀에 근거하여 '화평교회'라고 짓게 되었다. '흩어진화평교회'가 '화평교회'라는 이름을 그대로 가지고 가는 이유는 화평교회에서 분립하는 공동체이기도 하지만, 이 시대 속에서 주 예수 그리스도로 말미암아 화평함을 이룬 공동체로서 화평케 하는 사명이 너무 막중하고, 주께서 구속받은 그리스도인에게 화평케 하는 직분을 주셨기 때문이다(엡 2:14-16, 고후 5:17-19). 교회가 화평케 하는 사명을 잘 감당할 때 세상은 교회를

흩어지는 목회

참 교회로, 그리고 하나님의 자녀들이 모인 곳으로 인정하며 주께로 돌아올 것을 소망하며 '화평교회'라는 이름을 유지했다.

그런데 '흩어진'이라는 이름을 가진 교회는 아직까지는 그 어디에서도 찾아 볼 수 없다. 혹 어떤 이들은 "교회 이름이 이상하다. 교회가 '모이는 교회'가 되어야지 '흩어지는 교회'가 뭐야?"라며 의문을 제기하기도 한다. 그러나 의미를 알면 생각이 달라질 것이다.

'흩어진화평교회'라는 이름이 가지는 의미는 다음과 같다.

첫째, 주님이 기뻐하시는 통전적인(Holistic) 선교공동체 교회의 존폐 여부가 달린 선교를 최우선 순위로 삼고 목회하려고 한다. 그 이유는 주님의 최고의 소원이며 관심사가 선교하는 일이기 때문이다(마 28:19-20). 복음으로 무장된 성도들이 아브라함처럼 삶의 현장에서 선교적 삶을(창 23:5) 살게 하는 것이다. 그리고 믿음의 선열들처럼 이 땅에서 외국인과 나그네 의식을 가지고 순례자의 삶을 살아갈 것을(히 11:13-16) 강조한다.

인도네시아를 포함한 복음을 모르는 족속에게 적극적으로 하나님 나라를 선포하고 그들의 필요를 채워주는 사역에 집중할 것이다. 국내에 거주하는 이주민과 다문화인들에게 복음을 전하고 훈련시켜 그들의 땅으로 다시 보내는 사역에도 힘쓸 것이다. 화평가족들의 정기적인 선교 훈련과 교육, 국내외 비전 트립 등을 역동성 있게 시행할 것이다. 특히 주중에는 국내외 목회자, 선교사, 평신도사역자들을 훈련시켜 세상 속에서 선교적 사명을 다하게 하고, 이 일에 예산, 공간,

은사, 역량을 아끼지 않을 것이다. 이러한 통전적인 선교공동체를 세워 주님을 영화롭게 하는 일에 최선을 다하고 싶다.

둘째, 지역사회에 선한 영향을 주는 공동체 하나님 사랑, 이웃 사랑을 구체적으로 실천하는 일에 핵심가치를 두는 것이 흩어진화평교회의 비전이다.

> "예수께서 이르시되 네 마음을 다하고 목숨을 다하고 뜻을 다하여 주 너의 하나님을 사랑하라 하셨으니 이것이 크고 첫째 되는 계명이요 둘째도 그와 같으니 네 이웃을 네 자신 같이 사랑하라 하셨으니 이 두 계명이 온 율법과 선지자의 강령이니라." _마 22:37-40

"가서 너도 이와 같이 하라"(눅 10:37) 하신 말씀에 따라 지역사회를 살리는 교회가 되어야 한다. 진정한 교회 역할은 밖으로 나아가는 교회가 될 때만 가능한 것이다. 세상 사람들이 봐도 '우리를 위해 필요한 교회'라고 인정받는 공동체를 세우고 싶다. 이러한 교회의 모습이 초대교회이며(행 2:47), 성경에서 말하는 균형 있는 공동체의 모습이다. 옛날 이스라엘이나 예루살렘 교회처럼 머무르는 교회, 내부지향적 교회가 아닌 작지만 선한 영향력을 주는 교회를 세우고 싶다.

세상과 지역사회의 필요를 채워주는 교회로서, 특히 주님의 최고 관심 대상이었던 가난한 자, 병든 자, 소외된 자, 노약자, 독거노인들을 찾아가서 함께하는 일, 어떠한 분야에서든 도움이 필요한 자를 찾아가서 받은 은사대로 지역을 섬기는 일에 주력하여 세상 속에 영향력을 발휘하는 교회가 되도록 최선을 다할 것이다(눅 10:27-37). 세상과 지역사회에 선한 영향력을 주는 공동체를 세우고 싶다. 우리의 궁극적인 목적은 선한 행실로 하나님을 드러내고 그리스도의 복음을 증거하는 것이다.

> "이같이 너희 빛이 사람 앞에 비치게 하여 그들로 너희 착한 행실을 보고 하늘에 계신 너희 아버지께 영광을 돌리게 하라."_마 5:16

셋째, 다음세대를 일으키는 공동체 교회 성장을 연구하는 미래학자들은 "2050년에는 한국 교회가 반토막 나게 된다"라고 말한다. 벌써 교회학교가 없는 교회가 70퍼센트 가까이 된다고 한다. 젊은이들이 교회를 떠나고 있는 실정이다. 이러한 상황으로 볼 때 한국 교회는 희망이 보이지 않는다. 흩어진화평교회 인근에는 국가 장학재단에서 운영하고 수도권 26개 대학교 대학생들 1,100여 명이 머무는 기숙사가 있다. 이 청년들이 머물고 싶은 교회, 가서 마음껏 기도하고 싶은 교회, 쉬고 싶은 공동체가 되도록 할 것이다.

젊은이 중심의 예배, 찬양, 금요기도회, 콘서트 등 분위기를 조성하는 데 주력할 것이다. 젊은이들이 청년의 때 주님을 만나 하나님 나라 비전을 품게 하는 교회가 되길 원한다. 교회가 작은 공간으로 시작하겠지만, 규모 있게 젊은이들, 학생들이 맘껏 찬양하고 예배하고 기도

하고 교제하며 지내기에 최고 좋은 환경으로 만들고자 한다. 교회학교 특히 아이들의 교육과 훈련, 예배와 돌봄과 섬김에 최선을 다하려고 한다. 어려서부터 예수의 생명으로 살아 움직이며, 이 악하고 어두운 세상에서 빛을 발하는 하나님 자녀들로 키우고 싶다(마 5:14-16).

넷째, 한국 교회와 목회자들을 섬기는 공동체 평생 목회하면서 목회의 복을 많이 받았다. 하나님의 은혜로 건강한 교회를 이루었다. 축복에는 사명이 있다. 성경에서 말하는 교회, 주님이 원하시는 본질의 교회가 무엇인지를 알았다. 어떻게 목회해야 풍성한 열매를 맺는지를 발견했다. 이 축복들을 한국 교회 목회자들과 세계 교회 현지 목회자들, 선교사들에게 나누어 주는 것이 나와 흩어진화평교회의 큰 비전이다.

이미 화평교회를 개척하여 세웠지만 흩어지는교회 분립개척을 그렇게도 꼭 하려고 하는 이유 중 하나는, 주님으로부터 받은 사랑과 은혜가 너무 크기 때문이다. 때로는 하나님 앞에 서게 될 때 무서운 책망이 주어질까봐 두려운 생각이 들 때도 있다. 너무 많이 누리고 산다는 생각이 들기 때문이다. 부활의 주님 만날 때까지 좀 더 고생하면서 주님 닮은 삶을 살고 싶다. 나그네 의식을 가지고 좀 더 가치 있는 삶을 살고 싶다. 더 주님이 기뻐하실 교회를 이 땅에 남기고 싶다. 귀한 화평가족들과 좀 더 힘든 곳에서 하나님과 이웃을 섬기고 싶다. 거기서 사랑하는 화평가족들과 보람찬 순례자의 삶을 살고 싶다.

주님이 본향 땅으로
부르시는 그 순간까지!

©양선아

통전적(Holistic)
선교공동체

개척 초기부터 화평교회는 선교에 주력해왔다. 카자흐스탄에 주민호 선교사, 러시아에 우동수 선교사 등으로 시작, 1995년에는 누구도 어떤 교회도 선교사를 보내려 하지 않는 일본 땅에 서정복·김천숙 선교사를 25년간 주파송했다. 계속해서 싱가폴, 중국, 필리핀, 인도, 호주, 인도네시아, 르완다, 라오스, 아제르바이잔 등 세계 곳곳에 선교사를 파송하여 물질과 기도로 후원함으로, 지상 최대 명령인 땅끝까지 이르러 증인되라는 사명을 감당하고 있다.

화평교회가 선교적 사명에 충실하게 된 것은 구약성경과 신약성경을 연구하고 묵상하다가 '교회가 선교하지 않으면 존재 의미와 가치가 없구나'라는 메시지를 깊이 깨달았기 때문이다. 특히 창세기 12장

에서 하나님께서 아브라함을 부르시는 장면에서 '하나님의 소원은 열
방이 주께 돌아오는 것이구나'라는 확신을 갖게 되었다. 또 룻기와 요
나서를 통해서도 하나님의 관심사가 이방인 구원에 있다는 것을 알게
되었다. 신약에서도 '바울을 택하신 목적이 이방 구원에 있음'을 쉽게
발견할 수 있었다.

"이는 물이 바다를 덮음같이 여호와의 영광을 인정하는 것이 세상에 가득
함이라." _합 2:14

나는 매년 1, 2차례 인도네시아 칼리만탄 동서남북 각 지역 현장을
직접 방문하여 현지 목회자들과 신학생들에게 강의와 세미나로 열심
히 가르치며 섬기고 있다. 때로는 평신도사역자들과 함께 그곳을 방
문하여 성경에서 말하는 참 교회의 모습이 무엇인가를 강의와 간증
등으로 보여준다. 필리핀에는 15년 동안 킹스칼리지(故권영수 선교사가 세
운 학교)에 장학금을 학기마다 지급하고 있으며, 신학생과 현지 목회자
들에게 강의와 세미나로 지도하고 있다. 또 학교와 유치원을 건축하
는 데도 변함없이 물질과 기도로 협력하고 있다.

"하나님은 모든 사람이 구원을 받으며 진리를 아는 데에 이르기를 원하시
느니라." _딤전 2:4

화평교회 7대 비전 중 첫 번째 비전이 '아시아 A국을 비롯하여 세계 곳곳에 수백 명의 선교사와 평신도사역자들을 파송하며 협력하는 것'이다. 한때는 아시아 C국에 3명의 주파송 선교사와 32명의 협력 선교사들을 기도와 물질로 협력했다. 지금까지 국내뿐 아니라 해외 선교 사역이 활발하게 이루어져 왔고, 현재도 앞으로도 계속 선교 사역에 집중하려고 한다.

화평교회 기초 공동체인 가정교회에서는 가정교회별로 협력선교를 주로 하고 있으며, 큰 공동체인 교회에서는 주파송 선교사들을 동역하며 협력하고 있다.

2020년도에 사명을 가지고 흩어진화평교회로 분립해오면서 가장 큰 우리의 비전은 '통전적(Holistic) 선교공동체'였다. 디커피와 W홀 운영 목적도 궁극적으로는 선교에 있으며, '흩어진화평'이라는 교회 이름도 선교적 삶을 살자는 뜻이 내포되어 있다. 이를 위해 코로나 시국 3년 동안에 선교관을 준비하고 주파송 선교사를 두 가정(아제르바이잔과 라오스)을 파송했다. 그리고 협력선교사도 20여 가정이 된다.

화평교회와 흩어진화평교회의 선교 비전은 숫자나 건물 세우는 선교 전략보다는, 세계 각 지역의 현지 목회자들에게 참 교회, 성경에서 말하는 교회가 무엇인지 보여주고 잘 가르쳐, 그곳에 건강한 교회들이 세워지고, 그들로 하여금 복음을 전하여 많은 영혼들이 주께 돌아오게 하는 데 목적을 두고 있다.

화평교회와 흩어진화평교회는 현재 수십 나라, 수많은 선교사들을 동역하고 협력하는 일에 최고의 보람과 가치를 느끼고 있다. 그러나 그 일이 결코 쉽지 않다는 것을 많이 경험하고 있다. 그래도 우리는 이 일에 생명을 걸고 집중할 것이다.

"내가 달려갈 길과 주 예수께 받은 사명 곧 하나님의 은혜의 복음을 증언하는 일을 마치려 함에는 나의 생명조차 조금도 귀한 것으로 여기지 아니하노라." _행 20:24

선교 사역은 그 어떤 일보다 최우선 순위로 교회가 해야 할 막중한 사명임을 잊지 않고 있다. 주께서 오시는 그날까지 또 우리 생명이 다 할 때까지 변함없이 힘써야 할 일이 '선교'이다. 선교는 하나님의 최고의 소원이며 하나님이 최고 기뻐하시는 사역이다. 뿐만 아니라 성경 전체의 핵심 사상과 내용이 선교이다.

"그러므로 너희는 가서 모든 민족을 제자로 삼아 아버지와 아들과 성령의

이름으로 세례를 베풀고 내가 너희에게 분부한 모든 것을 가르쳐 지키게

하라 볼지어다 내가 세상 끝날까지 너희와 항상 함께 있으리라 하시니라."

_마 28:19-20

교회 존폐여부를 결정하는
'선교'

흩어지는 목회

하나님이 주신
Vision

"묵시가 없으면 백성이 방자히 행하거니와." _잠 29:18

지금 나의 목회 현장은 신학교 시절과 부교역자로 사역할 때부터 꿈꾸었던 교회의 모습들이 그대로 드러난 현장이라고 고백하고 싶다. 신학을 공부하면서, 또 부교역자로 사역하면서, '앞으로 목회자가 되어서 목회하면 저분처럼 훌륭하게 목회하고, 저분이 목회하는 교회와 같은 건강한 교회를 세우고 싶다'는 비전을 가지고 목회를 준비했다.

놀라운 사실은 훗날 목회자가 되어 그렇게 생각하고 소망했던 교회들로부터 강사로 초빙받아 설교와 세미나로 섬기기도 했고, 또 그 교회 담임목회자나 부교역자들, 그리고 평신도사역자들이 화평교회가 주최하는 제자훈련이나 가정교회세미나에 참석하여 나의 지도와 섬김을 받는 일도 있었다는 것이다.

나는 목회자의 길을 걷기 시작한 때부터 한국 교회에 대한 고민과 바른 목회에 대한 열망이 컸던 것 같다. 교인 수나 건물, 예산이 커지는 것보다는 성경에서 말하는 교회, 주님이 찾으시는 교회를 세우는 것이 나의 소원이었기 때문이다. '비전은 고민 속에서 탄생한다'라는 말이 적중하다고 생각한다.

부교역자 생활을 하면서 가졌던 또 다른 꿈이 있었다. 내가 담임목사가 되면 공부하는 전도사들에게 교회에서 확실하게 장학금을 책임지는 일, 부교역자가 다음 사역지가 준비되지 않은 상황에서 사임하게 하는 일은 없게 하는 것이다. 그리고 목적지향적 혹 성장주의로 목회하지 않고 본질에 충실한 목회를 하는 것이다. 그런 꿈을 가지고 기도하며 다짐하고 준비했다. 그 꿈은 내가 신학 공부를 하면서 교회 사역을 할 때 마음 아픈 경험을 했기 때문에 생긴 것 같다. 하나님께서 나의 목회 사역에 복을 주시고 좋은 환경을 주셔서 그 꿈들이 다 이루어지도록 역사하셨다는 것을 후에 깨닫게 되었다.

우리가 꿈꿔왔던 교회

1988년 1월 개척설립비전은 '배우고 가르치며 행하는 교회'였다. 예수께서 이 사역에 집중하신 것이 복음서 전체에 강하게 흐르고 있음을 깊이 인식하고 개척 초기부터 교육하고 훈련하는 일에 전념했다.

10주년이 되던 1998년부터는 '평신도를 지도자로 세우는 교회, 소그룹 중심으로 성숙해가는 교회'라는 비전을 가지고 지금까지 놀라운 부흥과 성장과 은혜를 경험하고 있다. 20주년이 되던 2008년부터는 '이제 모이는 교회에서 흩어지는 교회로!'라는 비전을 가지고 2019년까지 걸어왔다.

하나님이 주신 비전은 반드시 이루어진다

내가 꿈꿔왔던 교회 모습들이 그대로 성취되는 것을 보면서 너무나 감사하다. 하지만 때로는 두려움이 느껴질 때도 있다. 왜냐하면 하나님이 주신 비전은 반드시 이루어지고 동시에 그에 따를 나의 사명이 막중하기 때문이다. 젊은 시절 가졌던 비전들이 다 이루어진 것을 보면서 요셉처럼 얼마나 많이 울었는지 모른다. 매년 설립주년 때만 되면 하나님께서 우리 공동체에 주신 비전들이 이루어지는 것을 보면서 또 하나님의 은혜에 감사하며 울보 목사가 되어버리는 것 같다.

"당신들이 나를 이곳에 팔았다고 해서 근심하지 마소서 한탄하지 마소서 하나님이 생명을 구원하시려고 나를 당신들보다 먼저 보내셨나이다."
_창 45:5

하나님이 주신 비전이 한 사람을 통해 이루어지면 그 영향력이 얼마나 큰지를 잊지 말아야 한다. 하나님은 아브라함에게 땅과 자손의 비전을 주셨다. 그가 비전을 따라 나아갈 때 가는 곳마다 끼친 영향력이 얼마나 컸던가! 우리가 잘 아는 바대로 바울 한 사람이 이방 선교에 대한 하나님이 주신 비전을 이루어 갈 때, 그것이 온 세계의 복음화의 발판이 되었다.

흩어지는교회 분립개척을 준비하면서 어떤 교회를 세워나갈 것인지 흩어진화평가족들과 함께 수개월 동안 하나님께 기도하면서 4대 비전(통전적 선교공동체/ 지역사회에 선한 영향력을 주는 공동체/ 다음세대를 일으키는 공동체/ 한국 교회와 목회자들을 섬기는 공동체)을 정립하였다. 그러고는 남은 목회 사역 약 6년간 흩어진화평교회에 대한 개인적인 소원들을 메모하고(2019년 11월 27일) 이것이 은퇴 전까지 이루어졌으면 좋겠다는 생각을 했다.

☑ 4대 비전이 주님의 주도하심 속에서 이루어지는 것
☑ 디아스포라 카페(디카페)가 준비되어 지역사회에 선한 영향력을 주는 공동체가 되는 것
☑ 단독선교사 파송
☑ 선교관 준비
☑ 또 다시 흩어지는교회(흩어진화평교회 파송 분립개척) 하는 것
☑ 흩어진화평가족 수 (교회학교 포함) 500명 가량

"너희 안에서 행하시는 이는 하나님이시니 자기의 기쁘신 뜻을 위하여 너희에게 소원을 두고 행하게 하시나니." _빌 2:13

어느 날 기독교 잡지사에서 분립된 흩어진교회에 대한 원고 청탁이 와서 자료를 찾다보니 이렇게 메모해 놓은 것을 보고 깜짝 놀랐다. 설립 직후 코로나 팬데믹을 맞았지만, 메모해놓고 기도하고 바랐던 것이 다 이루어졌음을 깨달았다. "다 이루어주셨어요. 하나님께서 우리 교회를 통해서 하신 일들이 신기하고 놀라워요" 아내에게 메모지를 보이면서 이야기를 나누었다.

지역사회를 위한 디커피(Di Coffee)와 W홀이 준비되었고, 선교사님들을 위해 선교관이 준비되었다. 선교사 두 가정(아제르바이젠, 라오스)을 파송했고, 흩어진화평교회 파송 1호 흩어진교회(꿈의 동산교회)도 하게 하셨으며, 모이는 흩어진화평교회가족 수가 교회학교 포함 벌써 400명이 훨씬 넘어갔다.

4대 비전이 역동성 있게 이루어져가고 있다. 주님 앞에 "감사합니다" 이 말 밖에는 아무 할 말이 없다.

목회는 하나님이 주신 비전을 이루는 것이고
하나님이 주신 비전은 반드시 이루어지며,
비전은 고민 속에서 탄생된다.

흩어지는 목회

Di Coffee

흩어지는교회로 오면서 기도회를 가질 때부터 지역 주민을 섬기는 일환으로 카페(Diaspora Cafe)를 운영하고 싶다는 생각을 흩화(흩어진화평)가족들에게 서너 차례 표현한 적이 있었다. 그런데 첫 예배(2020년 1월) 후 몇 주 지나자마자 본격적으로 코로나 팬데믹이 시작되었고 그 후로는 공적으로 한 번도 언급하지는 않았다. 그러나 지역주민들, 특히 대학생 생활관 청년들에게 접근하기 위한 수단으로써 커피로 섬길 수 있는 공간이 절실히 필요했고 하나님께 계속 기도했다.

　그러던 중 전혀 예상치 않은 일이 일어났다. 수십 년 전부터 내가 하는 목회와 비전에 적극 지지와 격려 그리고 사랑으로 기도해주시는 외부 장로님이 사위와 함께 우리 교회를 방문하셔서 목회 사역의 꼭 필요한 곳에 사용되기를 소원한다면서 카페 보증금에 필요한 일정 금액을 헌금해주셨다. 나는 이토록 치밀하게 역사하시는 하나님의 은혜를 보고 깜짝 놀랐다. 이로 인해 교회당 1층에 커피로 지역주민을 섬길 수 있는 공간을 준비하게 되었다. 나와 흩어진화평교회의 사명이 막중함을 더욱 깨닫고 '우리를 향하신 하나님의 비전과 계획하심이 크구나!'라는 생각을 깊이 하게 되었다.

우리 흩화가족들이 운영할 카페의 비전은 흩어진화평교회 3대 비전 중 '통전적인 선교공동체'와 '지역사회에 선한 영향을 주는 공동체'에 관련된 것이다. 앞에서 언급한 것처럼 지역 주민과 소통하기 위한 공간이다. 모두들 아시다시피 믿지 않는 사람들이 코로나 시기를 지나면서 한국 교회를 바라보는 눈이 곱지 않다. 교회에 대한 불신감이 극도에 달했다. 이러한 분위기 속에서 카페를 운영하면서 커피로 구체적인 지역사회 섬김을 통하여 지역주민과 관계가 회복되고 가까워지기를 꿈꾸었다. 카페 운영의 섬김을 통해 지역주민에게 아름다운 교회의 모습을 보여주고 싶었다. 그때는 무엇을 가지고 사람들에게 접근해도 마음을 열지 않고 부담을 가졌다. 교회 다니는 사람들을 반기지 않았다. 믿지 않는 이웃에게 다가가기가 얼마나 힘든지를 코로나 이전보다 훨씬 더 많이 실감했다. 이러한 시대 상황 속에서 최고의 맛과 서비스(친절)와 좋은 분위기로 지역을 섬기고자 했다. 교회 이름, 하나님 이름을 내세우기보다는 행동(삶)으로 예수님의 모습과 하나님 나라를 드러내는 카페가 되기를 바랐다. 디카페(Diaspora Cafe)가 계속해서 지역 주민들과의 대화의 매개체, 복음 전파에 있어 접촉점을 마련하는 공간으로 활용되어져, 하나님의 이름을 영화롭게 하기를 소망한다.

예상치 않았던 코로나 팬데믹으로 인해 온 국민이 힘든 나날을 보내고 있는 시기에 카페 공사를 한다는 것이 조심스러웠다. 거리의 상점들마다 텅 비거나 굳게 닫히고, 폐업, 임대라는 글자들이 줄줄이 붙어가는데, 그럴 때 카페를 시작한다는 것이 시대적 정황에 맞지 않는 것처럼 느껴지기도 했다. 우리의 취지나 방향을 모르는 사람들이 보면 실족하거나, 덕스럽지 않아 보일 수도 있었다. 그러나 세상이 위기일수록 오히려 교회가 세상과 지역사회를 위해 해야 할 사명이 막중하다는 사실을 기억했다.

하나님은 이러한 시대에 이 일을 할 수 있는 여건과 물질, 환경을 주셨다. 더군다나 우리가 카페를 운영하고자 하는 것은 영리 목적이 아니었기에, 하나님이 우리에게 주신 3대 비전(통전적인 선교공동체, 지역사회에 선한 영향을 주는 공동체, 다음세대를 일으키는 공동체)을 이루어 가는 일에 부합된 사역이라는 확신이 있었다.

우리는 카페 인테리어 공사 준비를 위해, 여러 날 동안 틈을 내어 카페 100여 군데를 가보았고, 카페와 관련된 많은 책을 보고 많은 사람을 만나며 자료들을 수집했다. 그러고는 우리 상황에 맞는 것을 최종적으로 정리한 후 업자를 선정하고 인테리어 공사를 시작하게 되었다. 내가 직접 인테리어 공사를 해보지는 않았지만, 1988년 개척 때부터 공사를 기획하거나 지도하는 일은 직간접적으로 많이 경험해보왔다. 그런 경험 덕분에 공사하는 데 예산이나 분위기, 공사의 견고성 여부는 좀 알 수 있었고, 인테리어 공사에 대해 성도들을 안심시킬 수 있었다. 그러고는 함께 우리 교회의 비전이나 지역 상황에 맞는 분위기로 인테리어 공사가 잘 진행되도록 기도했다.

카페 Di Coffee는 20여 명의 자원봉사자들이 운영한다. "최고의 맛과 친절과 분위기로 하나님의 사랑을 이웃 주민들에게 흘려보내자"를 캐치프레이즈로 내세워 코로나 시기에 기이한 일을 우리에게 맡겨 주신 하나님께 감사하며, 삶의 현장에서 선교적 삶을 살아가는 일에 힘을 다하여 수고한다. 무엇보다 인간을 구원하시기 위해 하늘 영광 버리고 성육신하신 주님께로 천하보다 귀한 믿지 않는 영혼을 인도하는 일에 최선을 다하며, 오늘도 스탭들은 커피를 내린다.

세이비어교회 공동체의 자원봉사자들이 즐겨 인용하는 고든 코스비(Gordon Cosby)의 말이 있다. "가장 유익한 시도는 너무 순수해서, 어떻게 시작해야 하는지 정도만 알고 있는 순수한 사람들에 의해서 이루어진다. 지나치게 지혜롭거나 경험 많은 사람들은 너무 많은 것을 알고 있기 때문에 불가능한 일은 결코 이룰 수 없다."

Di Coffee 운영지침

- 맛있는 커피로 주님의 사랑을 세상으로 흘려 보내는 데 목적을 둔다.
- 이익 창출이 카페 운영의 목적이 아니다.
- 최대의 친절과 겸손함으로 예수님을 드러내고 하나님 나라가 어떤 곳인가를 태도로 보여준다.
- 카페에서 판매되는 모든 음료의 일정 금액은 첫 잔부터 지구촌의 어려운 이웃을 위해 기부하는 것을 원칙으로 한다.
- 카페 운영은 사명감과 은사가 있는 자발적인 자원 봉사자들 중심으로 이루어진다.
- 필요에 따라 청년들을 알바생으로 두되 시급을 평균이상으로 한다(일자리 창출 차원).
- 당분간 공식적인 임대료 및 관리비는 흩어진화평교회에서 책임진다.
- Di Coffee 운영팀을 구성하여 제반 사역을 위임한다.
- 교회 이름, 하나님의 이름, 선교 이름 등을 노골적으로 드러내지 않으면서 이웃주민들을 섬기고 선한 일에 힘쓴다.
- 특별한 경우 외에 교회 소모임은 카페에서 갖지 않는다.
- 봉사자들은 출근 직후 개인적으로 기도시간 갖는 것을 원칙으로 한다. (10분 이상, Di Coffee를 위한 기도)

- 정기적, 비정기적으로 섬기는 스탭들에게 교육을 실시한다.
- 기본 음료 커피 가격은 3,000원으로 하며 수익과 관계없이 한 잔에 1,000원의 구제금을 기부한다.
- 주일날은 흩화가족들에게 1잔에 1,000원씩 할인하여 음료를 제공한다.
- 카페 Di Coffee는 흩어진화평교회 안에 두며 서로 유기적 관계 속에서 독립적으로 운영한다.

흩어지는 목회

W홀
오픈

"보라 내가 새 일을 행하리니 이제 나타낼 것이라 너희가 그것을 알지 못하겠느냐 반드시 내가 광야에 길을 사막에 강을 내리니." _사 43:19

하나님은 코로나 시국에도 흩어진화평가족들을 통해 놀라운 일들을 행하셨고(디커피와 신실한 일꾼들을 세우심, 새로운 가족들을 보내주심과 목회자 가정교회세미나와 선교사 파송 등), 이후로도 큰일을 이루시려고 2층에 아름답고 넓은 공간을 허락해주셨다. 우리의 기도와 물질로 준비된 2층 공간을 앞으로 흩화가족들은 물론 지역 주민들을 위한 쉼과 교제, 공부와 나눔 등의 다용도홀로 이용하기로 했다. 교역자들과 함께 그 목적에 맞는 이름을 고민하다가 'W'(더블유)라고 정했다. 하나의 부서나 역할에 국한되지 않고 교제, 예배, 스터디카페, 소그룹 등으로 다양한 역할을 하는 다목적 공간이라는 의미를 W로 함축해서 표현했다.

Welcome: 환영하는 공간 우리 흩화가족들은 물론 삼송, 원흥의 지역주민, 학사관의 대학생들, 모든 세대에게 열려 있는 공간이다. 팬데믹 시기에 맞게 가구를 자유자재로 움직여 모임을 가질 수 있도록 설계하였다. W홀은 언제든 쉬고 싶으면 찾는 곳이 되기를 바란다.

With: 함께 하는 공간 우리 흩화의 DNA 중 하나는 '관계'이다. W홀은 우리 흩화가족들이 마음껏 함께하고 삶을 나누는 공간이 될 것이다. 특히 깊은 고독감으로 포스트코로나 시대를 살아가는 사람들이 W홀을 통해 나 혼자가 아니라 더불어 사는 행복을 경험하게 되기를 바란다.

Word: 말씀으로 채워지는 공간 W홀은 다음세대 예배 및 교육 공간, 가정교회 소그룹 모임, 지역교회들의 소모임, 말씀 묵상과 나눔의 공간으로 사용할 수 있다. W홀은 Book Cafe로서 경건서적, 일반 교양서적, 지성과 영성이 겸비된 책을 비치하여 MZ세대와 현대인들에게 삶의 지혜와 용기와 힘을 제공하는 공간이 되기를 바란다.

World: 세상과 연결되는 공간 우리가 복음을 전해야 할 곳은 세상이다. W홀은 세상 속에 선한 영향력을 주는 곳이다. W홀은 디커피와 함께 교회의 문턱을 낮추어 세상이 우리 안으로 들어오게 할 수 있는 곳으로, 스터디룸, 강의실, 독서모임 공간, 카페 등으로 활용될 것이다. 궁극적으로는 이러한 분위기를 통해 세상 속에서 하나님 나라를 경험하게 하는 곳이 될 것이다.

새롭게 단장된 W홀은 디커피 스탭들의 2년간 수고와 섬김을 통해 얻은 수익금으로 만들어졌다. 귀한 분들의 섬김이 있었기에 새로운 분위기로 업그레이드할 수 있었다. 디커피와 W홀을 원래 목적한 바대로 지역주민, 학생, 흩화가족들을 위한 공간으로 더욱 효율적으로 활용하기 위해 더 편리하고 아늑한 분위기로 새롭게 준비되었다. W홀은 앞으로도 하나님께서 우리 흩어진화평교회에 주신 4대 비전을 이루어가는 수단으로써 좋은 공간이 될 것이다.

- ☑ 지역주민과 학생들이 마음껏 공부하고 교제하는 공간
- ☑ 교회학교 분반공부 등 흩어진화평가족들의 공적 모임과 자유 모임 그리고 가정교회 모임 공간
- ☑ Group Study, 각종 소그룹, 독서 모임
- ☑ 지역, 직장, 기관, 타교회 모임 등으로 이용할 수 있도록 개방한다.

———— ◆◆ ————

우리 흩어진화평공동체에 비전을 주시고 그 비전을 이루어갈 수 있는 공간(환경)을 주신 하나님께 감사드리며, 코로나 팬데믹 속에서도 변함없이 주님 사랑, 교회 사랑, 성도 사랑의 표징으로써 디커피를 섬겨주신 권사님, 집사님들에게 다시 한번 감사드리며 주님의 이름으로 축복합니다.

어린이테마놀이터

우리는 2020년 1월 하나님께서 우리에게 주신 4대 비전을 품고 흩어진화평교회로 나왔다. 지나온 발자취를 돌아보면 우리 흩어진화평공동체에 크고 놀라운 은혜를 주셨고, 또한 흩어진화평가족들을 통해서도 놀라운 일들을 행하셨다. 코로나 팬데믹 속에서도 4대 비전을 이루어주셨고 지금도 이루어가고 계신다. 주께서 외적으로나 내적으로 갑절의 부흥과 성장을 이루는 은혜를 주셨다. 선교공동체로서 주신 비전따라 통전적인 세 가정의 선교사를 파송하게 하셨고, 공간적으로도 디커피, W홀을 준비하게 하셨으며, 선교사님들의 쉼터인 선교관을 마련하게 하셨다.

게다가 2층 W홀 옆 베란다 공간을 이용하여 약 12평 크기의 어린이테마놀이터 시설을 준비하게 하셨다. 이 일로 자라나는 우리 자녀들(영아유치부, 유년부)이 마음껏 뛰놀며 즐길 수 있게 되었다. 주중에는 오후 8시 이후 가정교회 모임 시, 주일에는 예배하는 시간 이외 모든 시간대에 자유롭게 놀 수 있는 공간으로 사용할 수 있다. 평일 낮에는 지역사회를 위한 공간으로 제공되며, 단 시험 기간에는 테마놀이터를 오픈하지 않는다. 디커피, W홀, 어린이테마놀이터 등 공간이 다음세대를 일으키는 공동체로서의 사역에 귀하게 사용되어지기를 간절히 소망한다.

> "여호와는 네게 복을 주시고 너를 지키시기를 원하며 여호와는 그의 얼굴을 네게 비추사 은혜 베푸시기를 원하며 여호와는 그 얼굴을 네게로 향하여 드사 평강 주시기를 원하노라." _민 6:24-26

우리에게 비전을 주시고 비전을 이루어 가시는 하나님께 찬양과 영광을 올려드리며, 하나님 나라와 주의 몸 된 교회를 위해 기도와 물질과 수고로 적극 헌신하는 흩화가족들을 주의 이름으로 축복합니다.

열두 번의
인테리어 공사

교회당 건축과 인테리어 공사

나는 화평교회 개척 때부터 지금까지 크고 작게 열두 번의 인테리어 공사와 23평부터 1800여 평의 대지에 여러 공간을 세우는 건축을 해본 경험을 가지고 있다. 때로는 혼자 주관해서, 어떤 때는 아내와 동역자들과 함께, 또 어떤 때는 장로님 집사님들과 함께 수차례 공사를 계획하고 진행하다 보니, 건축에 관해 보는 눈이나 노하우가 생기고 계획하는 데 어느 정도 능숙해지고 노련해진 듯하다. 상가교회 때나 교회당 건축, 그리고 분립개척 때 인테리어한 것을 보면서 건축을 전공했느냐고 묻는 분들을 많았고, 모델로 삼고 싶어 사진을 찍어가는 분들과 인테리어 업자 소개해달라는 목회자도 많았다.

인테리어를 하면서, 공간 하나 하나가 혼자의 힘이 아닌 '함께 만들어 낸 작품'이라는 것을 느꼈다. 아내와 동역자들과 함께 일구어낸 것이다. 무형교회가 함께 지어져 가는 공동체가 되어야 하는 것처럼(엡 2:22), 유형교회도 함께 할 때 사역이 얼마나 아름답고 힘이 있는지를 절실히 경험했다. 그리고 공간 준비와 교회당 건축은 목회 철학, 교회 비전과 유기적 관계에 있음을 깨달았다. 교회 건물은 아름다운 공간을 위한 예산, 기술, 설계도 중요하지만, 담임목사의 목회 철학과 교회 비전을 드러내야 하는 것이다.

연건평 23평, 84평, 180평, 1500평, 3000평 등의 공간을 준비하고 인테리어 공사를 해가면서 하나님의 은혜를 정말로 많이 경험했다. 땅을 준비하여 건축을 하고, 필요에 따라 공간을 넓혀 가는 일들이 수없이 많았지만 시험에 들거나 실족하게 하는 일이 거의 없었다. 많은 교회들에서 이러한 일로 인하여 시험에 빠지고, 특히 건축헌금 문제로 갈등이 생겨 성도들이 교회를 떠나는 일도 비일비재한데, 우리 교회는 항상 온 성도들이 기쁘고 즐겁게 감사함으로 모든 과정을 감당했다. 이 모든 것이 하나님의 은혜이다.

자발적인 헌금

건축을 위해 일곱 차례 헌금의 기회가 주어졌는데, 모두 자발적인 헌금으로서 아무런 강요도 없었고 헌금자 명단을 공개하지 않았다. 누가 얼마나 헌금했는지는 담임목사인 나와 재정팀 외에는 아무도 몰랐다. 건축 때만 3개월 이내 작정헌금으로 진행한 것 외에는, 땅 구입과 여러 번의 인테리어 때는 모두 자발적인 일시불 헌금으로 이루어졌다. 아내는 이제 인테리어 공사나 다른 공간 구입하는 일을 제발 그만하고 일을 벌이지 말라고 말했다. 그럴 때마다 나도 이제 더 이상 안할 거라고 말했지만, 막상 시간이 흐르면서 성도 수가 늘어가고 해야 할 사역들이 많아지면 또 다시 공간을 확보하고 인테리어 공사를 할 수 밖에 없었다. 건물 중심이 아닌 사람 중심인 교회 사역에 집중한다고 강조하지만, 그것이 내실을 기하면서도 역동성과 생명력 있는 사역이 되려면 공간이 필요함을 절실히 느끼게 된다. 건물, 사람 수에 목표를 두고 목회한 것은 아니지만, 역동성 있는 목회를 위한 수단으로써 건물, 인테리어 공사, 공간이 얼마나 중요한지를 깨달았다.

지난 36년간 이렇게 실천할 때마다 하나님의 도우심과 임재를 강하게 체험했으며, 교회의 큰 부흥을 체감했다. 교회 건물이 우선이 아니라 사람이 우선이며, 그 결과로 건물이나 사람 수는 따라오는 법이다.

교회가 내적 부흥과 더불어 외적인 모습도 크든 작든 드러나는 것이 균형 있는 이상적인 공동체의 모습이라는 생각에는 변함이 없다. 먼저 하나님 나라를 구하며 나아갈 때 그 결과로 하나님께서 신실한 사람도 보내주시고, 필요한 예산도, 공간도 주시는 것을 절실히 경험했다. 또 이러한 교회의 하드웨어가 성도들의 주님과 교회에 대한 사랑의 표현이고 고백이다. 하드웨어로서의 교회와 예수님의 몸인 성도들은 별개가 아닌 유기적 관계에 있음을 절실히 알게 되었다.

흩어지는 목회

흩어진화평 공간 인테리어

흩어진화평교회에서도 수억의 예산을 들여 인테리어 공사를 했지만, 작정 헌금을 하거나 공식적인 헌금을 하지는 않았다. 모두 크고 작게 옥합을 깨뜨려 자발적 헌금으로 이루어냈다. 그러다보니 설립예배 후 교회 재정 잔액이 4만 원 정도였다. 한 번도 부족하지 않았다. 하나님은 우리에게 꼭 필요할 때 필요한 만큼 채워주셨다.

1층 카페와 2층 W홀과 어린이테마놀이터는 각각 설립 1년 후, 2년 후, 3년 후에 이루어졌는데, 신기하게도 때마다 시마다 예산도 마련되어 있었고, 거기에 부족하지 않은 자발적 헌금으로 지금과 같은 아름다운 공간이 이루어질 수 있었다.

이러한 과정들을 통해 깨달은 것을 나누어본다.

- ☑ 성도의 주님 사랑, 교회 사랑, 공동체 사랑의 정도는 물질(헌금)과 정비례한다.
- ☑ 보이는 유형교회나 보이지 않는 무형교회가 모두 함께 지어져 가는 공동체가 되어야 한다(엡 2:22).
- ☑ 필요한 공간은 교회 부흥과 성장에 수단으로써 매우 중요한 역할을 한다.
- ☑ 흩어진 작은 교회는 대형교회에서는 변방에 있었던 성도들까지도 받은 재능과 은사대로 충성하고 헌신하게 하는 기회가 된다.

"네 보물 있는 그곳에는 네 마음도 있느니라." _마 6:21

©양선아

흩어지는 목회

코로나 팬데믹이
주는 교훈

2019년 12월 중국 우한에서 발생된 코로나19, 우리는 이 코로나19가
전 세계적 재앙이 될 줄은 누구도 예측하지 못했다. 앞서 나타났던 사
스나 메르스처럼 발생했다가 금방 사라질 줄 알았지 그토록 오랫동안
지속될 줄은 꿈에도 생각하지 못했다. 현미경으로 봐야 보이는 작은
세균에 불과한 코로나 바이러스가 이렇게까지 온 세상을 발칵 뒤집어
놓으며 나라들을 봉쇄시키고 일상을 침범할 줄은 몰랐다. 전 세계적으
로 수천만 명이 확진되고 수백만 명이 사망했다. 백신이 나오면 해결
될 줄 알고 기다렸는데 백신이 나왔어도 좀처럼 해결의 기미가 보이
지 않고 불안감은 가속화되었다. 의학전문가들은 코로나 델타플러스
변이뿐 아니라, 앞으로도 변종 바이러스가 계속 발생하여 확산될 것으

로 일제히 내다보고 있다. 지금도 더 강한 변이 바이러스가 온 세상에서 진화되고 있는 현실이다.

"여호와여 우리를 주께로 돌이키소서 그리하시면 우리가 주께로 돌아가겠사오니 우리의 날들을 다시 새롭게 하사 옛적 같게 하옵소서"(애 5:21). 울부짖던 예레미야 선지자의 애절한 기도가 절실히 요구되는 시기를 우리는 살아가고 있다. 이러한 시대적 상황 속에서 살아가는 그리스도인들은 주께서 주시는 교훈들을 붙잡고 주신 사명 감당하는 일이 얼마나 귀한가를 잊지 말아야 한다. 시대가 어둡고 위기일수록 교회가 깨어 세상 가운데에서 해야 할 사명이 얼마나 막중한가를 깊이 인식해야 한다.

성경에서 전염병 재앙이 내린 경우를 살펴보면, 하나님의 백성이 하나님 앞에 범죄했을 때가 대부분이다. 노아 홍수 사건(창 6-9장)이나 소돔과 고모라의 불 심판(창 19장), 고라 일당이 하나님과 지도자 모세를 원망하며 지도력에 저항할 때 불과 전염병으로 징계하신 일(민 16장) 등이 있다. 또, 하나님의 영광과 능력을 온 천하에 알리기 위해서 애굽에 열 가지 재앙이 내렸다(출 7-12장).

우리는 자신이 전혀 예측하지 못하고 이해할 수 없는 상황을 만날 때, 그 목적과 이유가 무엇인지 의문을 갖게 된다. 신약에서 날 때부터 맹인 된 한 사람을 보고, 그가 맹인으로 난 것이 자신의 죄 때문인지 부모의 죄 때문인지를 묻는 유대인들에게, 예수님은 "이 사람이나 그 부모의 죄로 인한 것이 아니라 그에게서 하나님이 하시는 일을 나타내고자 하심이라"(요 9:3)고 대답하셨다. 즉 하나님의 영광을 드러내고자 하는 것이라고 말씀하신 것이다. 세상사 모든 일들이 하나님의 섭리 속에서 이루어지고 있지만, 그분이 하시는 일은 다 이해할 수 없고 헤아릴 수 없기 때문에, 우리 그리스도인들은 경솔히 단정지어 함부로 말해서는 안 된다.

코로나19가 가져온 부정적인 결과는 무엇일까? 가장 먼저 코로나19로 인해 하나님이 주신 아름다운 세상이 파괴되었다. 하늘과 땅과 바다, 온 지구촌이 봉쇄되었고 일상이 무너졌다. 전 세계가 무기력해졌을 뿐 아니라, 하나님의 형상대로 지음 받은 사람들이 영적, 정신적, 신체적 손상을 입었다.

그리고 교회의 본질이 훼손되었다. 미디어를 통한 교회 쇼핑, 설교 쇼핑을 생겨났다. 소그룹 모임이 해체되어 공동체성이 파괴되었고, 성도들은 안정감, 소속감을 잃게 되었다. 하나님과의 관계가 흔들리고 이웃과의 관계가 파괴되었다.

코로나19가 주는 긍정적인 교훈도 있다. 코로나19로 인해 우리는 지금까지 살아오면서 당연시했던 것들을 다시 생각하게 되었다. 마스크 없이 자유롭게 호흡할 수 있다는 것, 만나고 교제하며 어디든 갈 수 있다는 것, 마음껏 찬양하고 예배, 교육, 훈련, 나눔을 할 수 있었던 것, 누구든지 제한 받지 않고 먹고 마시며 운동하고 생활할 수 있었던 것들이 얼마나 소중한지를 절실히 깨달았다. "인간은 한 치 앞을 내다볼 수 없구나!" 인간이 얼마나 나약한 존재인지를 확인할 수 있었고,

세상에는 인간의 힘으로 해결할 수 없는 것이 많다는 사실과 함께 인간의 교만과 무지를 발견할 수 있었다. 또한 예배의 본질을 생각할 수 있었고, 가족 중심의 생활을 하게 되었다.

끝을 알 수 없었던 코로나 팬데믹 시기가 포스트 코로나를 지나고 결국 엔데믹 시대가 되었다. 이 시대는 팬데믹 이전의 시대와는 판이하게 다르다. 특히 코로나 팬데믹 시대를 통해 대면(오프라인)과 비대면(온라인) 사역을 결합 혹은 병행하는 하이브리드(hybrid) 목회의 시대가 열렸다. 이제는 시간과 공간의 제약을 뛰어넘은 예배, 교육, 훈련, 소그룹 모임, 기도회, 전도 집회, 심방 등이 이루어질 수 있다. 디지털 사역과 대면 사역이 유기적 관계 속에서 조화롭고 폭넓게 이루어진다면, 코로나 팬데믹이 흩어지는 교회로서 시대 속에 영향력 있는 교회, 선한 영향을 끼치는 사명을 더욱 힘 있게 감당할 수 있는 기회가 되었다고 고백할 수 있게 될 것이다.

"혹 내가 하늘을 닫고 비를 내리지 아니하거나 혹 메뚜기들에게 토산을 먹게 하거나 혹 전염병이 내 백성 가운데에 유행하게 할 때에 내 이름으로 일컫는 내 백성이 그들의 악한 길에서 떠나 스스로 낮추고 기도하여 내 얼굴을 찾으면 내가 하늘에서 듣고 그들의 죄를 사하고 그들의 땅을 고칠지라." _대하 7:13-14

팬데믹은 3년 이상
지속되었어도

'담임목사 흩어지는교회 분립개척'을 선포하고 약 1년 만에 화평교회를 나왔다. 후임목사가 세워지고 2주간 신청 받아 150여 명의 성도들과 함께 분립개척을 했다. 의도성을 가지고 작은 공간, 적당한 인원, 예산(월 임대료 5백만 원 보조) 등을 준비하여 시작했다. 큰 교회 세우려고 분립개척한 것이 아니라 교회다운 교회, 지역 사회에 선한 영향력을 주는 교회 세우는 것이 비전이었기에 기쁘게 상가교회를 시작하였다.

분립개척하여 2020년 1월 첫째 주일부터 새 교회당에서 예배를 시작하였는데, 곧바로 코로나19 팬데믹이 시작되었다. 몇 주 혹은 몇 개월이면 끝날 줄로 생각했지만 코로나 팬데믹은 3년 이상 계속되었다. 지금은 엔데믹 시기를 맞이했지만 분립개척 후 3년 반 동안은 너무나 힘든 시간들이었다. 언더우드 선교사가 조선 땅을 바라보며 "지금은 아무 것도 보이지 않습니다"라고 기도한 것이 생각나기도 했다.

그러나 팬데믹 속에서도 사역은 멈추지 않았다. 방역수칙을 철저히 지키며 각종 행사, 교육과 훈련, 각종 소그룹 모임, 가정교회세미나, 공동의회, 성찬식, 성경퀴즈대회가 이루어졌다. 어떤 형태로든, 새로운 방식을 만들어서라도 온라인과 오프라인을 병행하는 하이브리드로 사역을 감당했을 때, 하나님께서는 팬데믹 속에서도 풍성한 열매를 맺게 하셨다.

먼저, 내적·외적으로 크게 부흥하였다. 흩어진화평가족들이 지체의식, 공동체 의식으로 더욱 결속되었다. 새가족들도 교육과 훈련(새가족반, 양육반, 제자훈련반, 신구약반, 어성경, 부모역할반 등)으로 믿음이 성숙해가고, 가정교회 소그룹들 안에서 함께 나누며 함께 성장해가고 있다. 또 외적으로도 새로 등록한 식구들로 인해 두 배 이상 부흥되었다. 특히 등록하는 성도들 80퍼센트 이상이 30, 40대의 젊은 부부여서 소망이 넘치고 감사하다.

둘째, 4대 비전이 놀랍게 이루어졌고 힘있게 이루어져가고 있다.

통전적인 선교공동체 흩어진화평교회는 통전적인 선교공동체로서 선교사 두 가정(라오스, 아제르바이잔)을 파송했고, 각 가정교회 별로 선교지를 정하여 물질과 기도로 협력하고 있다. 선교관을 준비하여 선교사들에게 쉼터를 제공하고 있다. 흩화공동체 내에는 자발적인 많은 봉사팀이 있는데, 특히 전도팀은 코로나 팬데믹 중에도 매주 선교적 사명을 다하였다.

지역사회에 선한 영향을 주는 공동체 '디커피'(디아스포라 카페)를 오픈하여 21명의 자원봉사자들이 섬기고 있다. 맛있는 커피를 최고의 분위기와 친절로, 지역사회에 주님 사랑을 흘려보내자는 캐치프레이즈로 한 잔에 1천 원은 무조건 떼어서 지역과 세계 곳곳의 어려운 이웃을 위해 사용한다. 또한 W홀(With, Welcome, Word of God, World) 공간을 준비하여 지역과 이웃을 섬기고 있다.

다음세대를 일으키는 공동체 교회 인근의 전국대학생연합생활관에 거주하는 젊은이들이 디커피와 W홀을 출입하면서 마음껏 쉬고 공부하고 있다. 영아유치부와 유초등부실에 아이들이 넘쳐날 만큼 교회학교가 부흥되고 있다. 아이들을 위한 어린이테마놀이터를 마련하여 다음세대를 위한 사랑과 관심을 집중하고 있다.

한국 교회와 목회자들을 섬기는 공동체 코로나 시국에도 변함없이 목회자들과 세계 곳곳에서 사역하고 있는 선교사들, 현지 목회자들을 대상으로 하이브리드로 제자훈련과 목회자세미나, 가정교회세미나, 양육반세미나, 신학교 강의 등을 진행하였고, 계속해서 교회 지도자들을 섬기고 훈련하는 일에 최선을 다하고 있다.

해외선교
전략

사람 세우는 일에 주력하라

하나님께서 화평교회와 부족한 나에게 은혜와 지혜 주셔서 수십 년
간(1998년부터) 국내외 신학교와 전국 목회자와 교회를 대상으로 강의
와 세미나 등 사람 세우는 일에 가르침으로 섬겨왔다. 또한 화평교회
는 중국, 인도, 인도네시아, 동유럽, 필리핀, 일본, 라오스, 아제르바이
젠, 캄보디아 등 해외 지역에 사람과 물질과 기도로 지원하는 선교 사
역에 집중해왔다. 특히 인도네시아 칼리만탄 GKE(갯가애) 교단과 협약
(MOU)를 맺어, 80퍼센트가 무슬림인 그 땅을 집중적으로 선교해왔다.
GKE 교단은 네덜란드 선교사가 전해준 복음을 듣고 회심한 사람들
이 목회자가 되어 형성한 교단인데, 목회자가 1천 2백 명이며 교인 수

흩어지는 목회

는 32만 명이 된다. 칼리만탄은 면적이 남한의 7.2배의 크기에 인구가 2천만 명 가량으로, 복음전파의 황금어장이라 볼 수도 있다.

지금도 내가 칼리만탄에 가면 언제든지 통역을 맡아 섬겨주시는 최광식 선교사님이 계시는데, 화평교회에서는 수년 전에 그 땅의 복음화를 위해 단독 선교사를 훈련해서 파송했다. 나는 수차례 그곳을 방문해서 목회자와 신학교, 각 지역, 수라바야, 사마린다, 폰티아낙, 빨랑까라야, 반자르마신 등을 다니며 강의와 세미나로 섬겼다. GKE 교단의 교단장을 중심으로한 목회자들이 두세 차례 한국을 방문하여 가정교회세미나를 참석하기도 하였다. 그 교단에 수많은 교회들이 가정교회를 도입하여 화평교회에서 시행하고 있는 가정교회와 양육반 교재를 목회 현장에서 실시하고 있다.

그 한 예로 인도네시아 칼리만탄의 엘따라니 목사를 들 수 있다. 그는 GKE 교단에서 영향력 있는 목사이다. 수천 명을 지도하는 메가처치를 담임하고 있는데, 그는 화평교회를 세 차례 방문하여 훈련 받은 후 내가 화평교회에서 하고 있는 가정교회세미나를 인도네시아 현지 목회자를 대상으로 실천하고 있다. 그는 무슬림이 80퍼센트 이상 되는 지역에서 목회 사역을 훌륭하게 감당하고 있다. '가정교회 소그룹'을 주제로 논문을 쓰고 박사학위까지 받았다. 앞으로 신학교에서 가르치는 사역을 할 것으로 기대된다. 엘따라니 목사 한 사람을 통해 인도네시아 땅에 하나님께서 하실 일이 기대가 된다.

먼저 지도자를 훈련하라

최고의 해외선교 전략은 영향력 있는 지도자를 훈련하는 것이다. 지도자(현지목회자, 선교사)에게 바른 목회가 무엇인가, 성경에서 말하는 본질의 교회가 무엇인가를 가르치고 특히 그들이 교회로 돌아가 목회 현장에서 실천하도록 하는 것이 중요하다. 즉, 한국 교회가 건강한 교회로 우뚝 서서 선교사들과 현지 목회자들을 훈련하고, 그들이 돌아가 지역이 복음화 되는 데 힘쓰는 선교전략이다. 지역과 나라를 초월해서 그 공동체의 대표인 지도자(목회자)가 중요하다. 지도자 한 사람이 변하여 훌륭한 목회자가 되면 교회도 건강하게 부흥되고 지역 복음화가 초대교회처럼 자연스럽게 이루어지는 것이다.

약 7년 전 아프리카 르완다로 파송받은 평신도 선교사 부부가 있다. 그분들은 화평교회에서 훈련받은 양육반 교재를 현지 언어로 번역할 뿐 아니라, 현지 목회자들을 초청, 숙식을 제공하며 훈련시키고 그들이 자기 지역교회로 돌아가 양육반을 운영할 수 있도록 돕는 사역을 지속적으로 감당하고 있다. 한 사람의 영향력이 얼마나 큰가를 보여주는 좋은 예이다.

선교지에서 교회당 건물을 세우던 옛 선교 전략보다는, 어느 나라 어느 곳이든지 지도자를 바로 세우는 일에 집중하는 선교 전략이 필요하다. 이상적인 해외 선교 전략은 훈련을 통해 영향력 있는 사람을 세우고 그들을 통해 그 땅에 주님이 기뻐하시는 공동체를 세우며, 그 공동체를 통하여 그 땅의 복음화를 이루는 것이다.

흩어지는 목회

"또 네가 많은 증인 앞에서 내게 들은 바를 충성된 사람들에게 부탁하라 그들이 또 다른 사람들을 가르칠 수 있으리라." _딤후 2:2

분립개척이
대안이다

1990년경으로 기억된다. 옥한흠 목사님께서 제자훈련 하는 사랑의교회가 메가처치가 되어버려 걱정이라시며, 제자훈련하는 교회는 이렇게 커져서는 건강한 교회가 되기 쉽지 않다고 염려하시던 모습이 생각난다. 한국기독교사연구소 소장인 박용규 교수는 요즘 분립개척하는 교회를 리서치해보니, 분립하는 교회들이나 분립된 교회들이 한결같이 제자훈련 하는 교회라고 말하고 있다. 이러한 결과를 보면 옥 목사님의 제자훈련 정신이 후배들에 의해 교회 분립개척에 지대한 영향력을 주고 있으며, 계승·증대되고 있다고 생각된다.

새천년 이후 분립개척한 교회들을 살펴보면 영동교회(박은조 목사)가 1999년에 분당샘물교회로, 잠실중앙교회(정주채 목사)가 2000년에 향상

교회로 분립개척하여 아름다운 모델교회로 성장했다.

또 안산동산교회(김인중 목사)가 17개 교회를 분립개척하고, 2019년에 나들목교회(김형국목사)가 각 도시를 중심으로 5개 교회를, 거룩한빛광성교회(정성진 목사)도 2024년 현재까지 28개 교회를 분립개척했다. 분립한 교회들이 성장하여 또 다른 교회들을 분립개척함으로써 많은 교회들에게 귀감이 되고 있다. 근래에는 메가처치인 분당우리교회(이찬수 목사)가 29개 교회를 분립개척함으로써 한국 교회와 세계 교회에 신선한 충격을, 또 중대형교회들에게 도전을 주고 있다. 그 외에도 많은 중대형교회들이 다양한 형태와 방법으로 분립개척을 해왔고, 지금도 준비하고 있는 교회들이 주변에 많이 있어 고무적인 현상이라 볼 수 있다.

한국 교회의 개척 유형을 살펴보면 개인이 스스로 개척하는 경우, 교회가 교회를 개척하되 기도와 물질로만 후원하는 경우, 함께 동역하던 목회자(부목사)와 성도들을 파송하여 분립개척하는 경우, 담임목사가 섬기던 교회에서 파송받아 직접 성도들과 함께 분립개척하는 경우 등으로 나누어 볼 수 있다.

어떻게 분립개척을 해야 하는가?

코로나 엔데믹 시대에 어떻게 분립개척하는 것이 가장 이상적이며, 분립개척 시에 교회들이 유의해야 할 사항들은 무엇일까? 중요한 것은 성경에서 말하는 이상적 교회가 세워지는 분립개척이 되도록 고민

해야 한다는 것이다.

먼저, 개척에 대한 비전과 확신이 있는 준비된 지도자와 그 뜻에 적극 동역하고자 하는 평신도들이 필요하다. 그리고 숫자나 예산이나 건물 중심의 분립개척이 아닌 본질에 바탕을 둔 교회를 세우는 일에 역점을 두어야 하며, 또 하나의 교회가 아닌 세상 속에 선한 영향력을 주는 분립개척이 되어야 한다. 공동체 성숙에 역점을 둔 관계 중심의 분립개척이어야 하며, 무엇보다도 메가처치 또는 중대형교회 담임목사가 직접 분립개척 하는 것이 이 시대 가장 이상적인 분립개척이 아닐까 한다.

AI시대, 뉴노멀시대에 그저 또 하나의 개척이 아닌 본질에 바탕을 둔, 세상 속에 영향력을 주는 분립개척이 되어야 하는데, 중대형교회나 초대형교회 담임목사가 하면 가장 좋다. 제한된 인원과 공간, 제한된 예산을 가지고 분립개척 하는 것이 훨씬 더 바람직하다고 본다. 대형백화점이 들어오면 동네 작은 가게나 음식점들이 힘들어 하듯이 대형교회에서 많은 인원과 예산, 큰 공간을 준비해서 분립하면, 열악한 환경에 있는 지역의 작은 미자립 교회들이 힘들어 한다는 것을 꼭 기억해야 한다.

또 하나의 개척교회 또 하나의 대형교회보다 지역사회에 자연스럽게 스며들어 함께 살면서 세상 속에 영향력을 주는 주님이 기뻐하시는 건강한 분립개척 교회들이 많이 탄생되기를 소망한다.

왜 분립개척이 대안인가?

첫째, 교회는 예수 그리스도로 인한 하나님 나라의 한 가족으로서 고와 낙을 같이하는 유기적 공동체로서 존재하며 함께 지어져 가야함이 마땅하다. 이러한 측면에서 보면 대형교회보다는 중소형교회가 성경에서 말하는 건강한 교회를 함께 세워가는 데 환경적으로 용이하기 때문이다.

> "즐거워하는 자들과 함께 즐거워하고 우는 자들과 함께 울라 서로 마음을 같이하며 높은 데 마음을 두지 말고 도리어 낮은 데 처하며 스스로 지혜 있는 체 하지 말라." -롬 12:15-16
> "너희도 성령 안에서 하나님이 거하실 처소가 되기 위하여 그리스도 예수 안에서 함께 지어져 가느니라." -엡 2:22

둘째, 기독교 역사를 살펴보면 그 시대 속에서 사명을 잘 감당했던 초대형교회들이 세월이 흐름에 따라 모두 사라지고 건물만 남아 박물관교회로, 혹은 관광지로 전락해버렸다. 오늘날 우리도 흩어져 분립개척하지 않으면 교회가 화석화 되고 제도화 되어 썩는 고인물이 되어버린다는 역사적 사실을 외면하지 말아야 한다. 건강한 교회를 유지하고 계승·발전시키기 위해서는 새롭게 변화해야 한다.

셋째, 현재적·미래적 측면에서도 중대형교회가 분립개척 되어야 한다. 세상은 교회를 세상의 가치 기준에 따라 쉽게 판단한다. 대기업과 대형백화점들이 중소기업과 중소상인들을 삼켜버리는 것처럼 그런 가치 기준에서 대형교회를 바라보기 때문에 복음 전파와 하나님 나라 확장에 장애요인이 되고 있다. 심지어 열악한 환경에서 목회하는 목회자들 중에도 세상 사람들과 별 다를 바 없는 시선으로 대형교회를 바라보는 경우가 있다. 많은 목회자들과 교계에서는 코로나19를 겪으면서 교회의 크기나 공간의 한계성을 실감 있게 경험하면서, 포스트 코로나 이후 목회의 최고 대안은 소그룹(작은 교회)이라고 입을 모아 말한다. 그러나 정작 소그룹 사역이 용이한 분립개척 사역에는 소홀히 하고 있다.

이제는 개인이 혼자서 교회를 개척하기보다 교회가 교회를 개척하는 시대가 되었다.

나의 비전,
PTC(Pastoral Training Center) 사역

교회 설립 30주년이 되고 내 나이 60대 중반 가까이 될 때 두 가지로
고민하며 기도했다. 65세에 은퇴하고, 미국의 리디머교회 팀 켈러나
제자훈련의 대가인 싱가폴의 언약복음자유교회 애드먼드 챈처럼 형
제교회 동역자들이나 후배 목회자들에게 목회를 잘 하도록 지원하고
협력하며 돕는 일을 할 것인가? 그렇지 않으면 분립개척하여 역사 속
에 모델적인 건강한 교회를 세운 이후에 목회자들을 돕는 사역을 할
것인가? 결국 나는 후자를 선택하여 이 길을 현재 열심히 준비하며
달려가고 있다.

옥한흠 목사님도 조기 은퇴 후에 가장 큰 비전은 제자훈련하는 동
역자들이나 교회들을 지원하고 돕는 사역을 할 것임을 우리들에게 수

차례 말씀하셨지만, 건강상의 이유로 결국 맘껏 펼치지 못하고 하나님의 품에 안기셨다.

나는 주님을 만나 목사가 된 후 교회를 개척하고 평생 사람 세우는 제자훈련 목회, 공동체성을 지향하는 소그룹 가정교회 목회, 통전적 선교지향적 목회 사역을 해왔고, 국내외적으로 수많은 교회들과 목회자들과 신학생들 그리고 선교사들과 현지 목회자들을 가르치고 섬겨왔다.

법정나이가 되어 담임목사직은 내려놓지만 하나님께서 허락하시는 날까지 지금까지 해왔던 사역을 계속 하는 것이 하나님 앞에 바람직하다고 생각한다. 경건과 학문, 이론과 실제, 현장에서 희로애락을 겪으면서 얻은 사역의 열매들을 한국 교회와 목회자들, 그리고 목회자 후보생들과 선교사들, 더 나아가 세계 곳곳에 흩어져 있는 현지 목회자들에게 나누어주며 흘려보내는 것이 나의 마지막 비전이다.

너무 감사한 것은 평생 본질에 입각한 목회 사역을 해오면서 얻은 축복과 열매들이 많다는 것이다. 목회훈련원을 세워 바른 목회를 열망하는 목회자들에게 필요를 채워주며, 잘 멘토링해서 이 땅에 주님이 기뻐하시는 본질의 교회, 세상 속에 영향력을 끼치는 건강한 공동체를 많이 탄생시키는 것이 나의 비전이며 소원이다. 그것은 바로 PTC(Pastoral Training Center, 목회훈련원) 사역이다.

PTC(Pastoral Training Center) 사역

나의 평생 목회현장에서 성경의 원리와 방법을 적용해서 얻은 축복과 열매들을 각 지역교회와 목회자에게 맞게, 그러나 구체적이고 체계적으로 훈련하고 구비시켜 본질의 교회공동체를 세워 나갈 수 있도록 다음과 같은 프로젝트(Project)를 가지고 사역하고자 한다.

❖ 제자훈련목회자세미나

CAL-NET 동역자들과 연계하여 지역별 제자훈련목회자세미나를 개최하거나 협력사역을 감당한다.

❖ 목회자 제자훈련반(1년)

소그룹 형식으로 제자훈련을 희망하는 목회자들을 신청 받아 실제 제자훈련을 실시하여 체험함으로써 지역교회에서 제자훈련을 쉽게 도입할 수 있도록 도움을 준다.

❖ 가정교회목회자세미나

25년간 매년 11월 마지막 주간에 한국 교회 목회자와 해외 선교사 대상으로 3박 4일간 현재까지 사역해왔던 그대로 진행한다(화평교회와 흩어진화평교회 연계).

❖ 목회자 가정교회훈련반(3개월)

지역교회에 가정교회를 세팅하기 위한 준비모임으로서, 소그룹형식으로 가정교회 워크샵과 리더훈련 내용을 교육한다.

❖ 선교지 목회자 세미나

정기적으로 해외 선교사 및 현지 목회자 대상으로 목회자세미나를 개최한다(아시아 A국, 인도네시아, 필리핀, 캄보디아, 라오스 등). 또한 해외에 있는 선교사와 현지 목회자를 한국으로 초청하여 훈련 후 다시 보내는 사명을 감당한다. 제주 CMTI와 연계하여 목회자세미나를 개최한다.

❖ 양육반 지도자 세미나

공개강좌(Open Lecture) 형식으로 연 2회 실시하며, 양육반을 지도할 목회자와 선교사 대상으로 2일간 진행한다.

❖ 새가족 지도자반(5주)

필요 시 공개강좌 형식으로, 매년 12월에 지역교회 새가족을 담당할 목회자들이나 평신도사역자를 대상으로 1일(One day) 실시한다.

❖ 신구약 성경 연구반/신구약반 지도자 세미나

소그룹(Small Group) 형식으로, 매년 1월에 신구약반을 운영하고 지도할 목회자와 선교사 대상으로 진행한다.

❖ APT 부모역할반(13주)

필요 시 소그룹 형식으로, 매년 모집을 통해서 진행하되 주 1회 목회자 사모 반과 지역주민 반을 따로 운영한다.

❖ 부교역자 사역훈련(Ministry Training)

공개강좌 형식으로, 기존교회에서 부교역자 생활을 하는 목회자들과 목사 안수를 받고 부교역자로 부임을 앞에 두고 있는 교역자들을 대상, 1일 세미나로 매년 11월과 7월에 실시한다. 강의 주제는 '목양론',

'교회론', '리더십' 등이 있다.

❖ 장로 사역훈련

공개강좌 형식으로 하되, 장로로 피택된 자와 이미 장로로 섬기는 분들 대상이며, 이론과 실제를 병행해서 교육과 훈련을 한다. 1일 세미나이며 강의 주제는 '교회란 무엇인가', '장로의 역할과 사명', '기독교 세계관' 등이 있다.

❖ 평신도지도자 사역훈련

공개강좌 형식으로, 각 교회 공동의회에서 직분자로 피택되어 임직을 준비하는 과정 중에 있는 성도들 대상, 1일 세미나로 진행한다. 강의 주제는 '직분자의 책임과 사명', '직분자의 기본 도리', '교회란 무엇인가', '평신도지도자 리더십'등이 있다.

※국내외 현장에서 온라인, 오프라인, 하이브리드로, 특히 해외 선교지는 상황에 따라 챗GPT를 이용한 AI 플랫폼과 줌이나 동영상 강의로도 진행할 수 있다.

III부

형제교회 동역자들
이야기

©양선아

선물 같은 만남

김택호 목사 | 서울나눔과섬김의교회

벌써 30년

좋은 만남이 우리를 좋은 인생으로 인도한다. 마틴 부버는 '모든 참된 삶은 만남'이라 했다. 사람은 누구나 나면서부터 만남을 갖는다. 부모를 만나고, 형제를 만나고, 친구를 만나고, 스승을 만난다. 그리고 그 만남은 인생의 방향과 궤적을 결정한다. 만남은 선택이 아니라 섭리로 주어진다. 그렇기에 좋은 만남은 하나님의 은혜요 축복이다. 하나님의 부름을 받고 첫 사역지인 화평교회에서 목사님을 만났다. 목사님과의 만남은 하나님이 나에게 주신 특별한 선물이요, 축복이었다. 화평교회에서 6년동안 목사님을 도와 교회를 섬기며 목회 수련을 받았다. 교육 전도사로 시작하여 목사가 되었고 결혼을 하고 가정도 이루었으며, 선교사로 파송을 받아 싱가폴과 중국에서 사역을 감당했다.

목사님을 만난 지 벌써 30년이 지났다. 때로는 목회 사역의 멘토로, 때로는 형님처럼 지지와 격려를 아끼지 않으셨던 목사님을 생각하면 마음이 따뜻해진다. 선교지로 떠나보내는 것이 못내 서운해 새벽에 기도하시며 많이 우셨다는 말씀을 들으며, 내가 참 많은 사랑과 은혜를 받은 자라는 생각이 들었다. 그렇게 사랑과 격려를 받으면서 조금씩 하나님이 사용하시는 일꾼으로 세워져 갈 수 있었던 같다. 목사님의 한결같은 사랑과 격려 가운데 싱가폴에서, 그리고 중국에서 부족하지만 보냄받은 자로서의 사명을 잘 감당해 낼 수 있었다. 특히 기억에 남는 것은 선교지에서 들어올 때, 바쁜 목회 일정으로 쉽지 않음에도 친히 공항으로 나와 따뜻하게 맞아주셨던 일은 잊을 수가 없다. 한 사람을 향한 관심과 사랑이 주님의 좋은 제자로 세워가는 제자훈련의 핵심이란 것을 목사님의 세심한 배려를 통해 배우게 되었다.

만남에는 철학 그 이상의 것이 있다는 말이 있다. 만남은 우연이 아니라 그 만남을 통해 계획하신 하나님의 뜻과 계획이 있다는 것이다. 나는 그것을 목사님과의 만남을 통해 경험할 수 있었다. 교회 경험이 많지 않던 나에게 화평교회는 목회와 선교 준비를 위한 최선의 공동체였다. 닮고 싶은 목사님으로부터 건강한 교회에서 목회 수련을 받는다는 것은 분명 주님이 내게 주신 특권이었다. 연약함에도 사역을 맡겨주시어 신학교에서 배운 것을 마음껏 적용하고 실습할 수 있었던 일과 목사님이 안식년으로 교회를 비우셨을 때, 주일 강단을 포함해 교회 사역 전체를 맡겨주시어 섬겼던 경험은 이후 싱가폴에서의 담임목회와 중국에서의 선교 사역에 든든한 디딤돌이 되었다. 목사님을 곁에서 지켜보며 목사님은 마치 목회를 위해 태어나신 분 같다는 생각을 하곤 했다. 목회자로서 나에게 귀감이 된 몇 가지를 나누고 싶다.

하나님 말씀

목사님은 무엇보다 하나님의 말씀을 사랑하셨다. 함께 교회를 섬겼던 만 6년 동안 한 번도 주일 강단에서 다른 말씀 하시는 것을 본 적이 없다. 매주 성경을 한 장씩 수년 동안 강해하셨던 모습이 생생하다. 이슬비에 옷이 젖듯 성도들이 말씀의 은혜를 경험하며 시간이 지나면서 말씀 안에서 건강하게 자라가는 모습을 지켜보며 생명 회복의 핵심이 하나님의 말씀이라는 것을 배울 수 있었다.

본질

목사님은 늘 본질을 추구하며 사셨다. 교회 성장을 위해서라면 수단, 방법 가리지 않고 달려가던 때에, 한 발 물러나 늘 본질이 무엇인가를 고민하고 본질을 추구하며 사셨다. 무엇이 효과적인가보다 무엇이 하나님의 뜻인가를 고민하고, 세상이 뭐라고 말하는가보다 성경이 뭐라고 말하는가에 귀를 기울이셨다. 사람 세우는 제자훈련 사역이 그러했고 소그룹 중심의 가정교회 사역이 그러했다. 본질을 추구하는 목회로 교회의 체질이 건강해지자 시간이 지나면서 교회가 건강하게 성장해 갔는데, 나에게 큰 격려가 되었다.

균형

목사님은 균형잡힌 삶을 사셨다. 목사님은 목사이기 전에 한 사람의 그리스도인으로 하나님과 교제하는 일이나 자신을 훈련하는 일, 그리고 사람들과 좋은 관계로 살아가는 일을 소홀히 하지 않으셨다. 복음에 합당한 삶을 강조하며 가정과 직장, 어디에서든 자신이 서 있는 그곳에서 그리스도인으로서 책임있게 살아갈 것을 강조하며, 먼저 그러한 삶을 자신에게 적용하셨다. 그리고 그것을 목회에 적용하고 그렇게 성도들을 훈련하셨다. 교회 근처로 이사 온 사람들이 부동산에서 화평교회를 추천해 등록하게 되었다는 훈훈한 이야기는 신앙과 삶의 균형으로 성도들이 얼마나 이웃에게 좋은 본이 되었던가를 보여주는 좋은 예이다.

선교

목사님은 누구보다 선교적 인생을 사셨다. 교회의 존재 목적과 본질이 선교라는 선교적 교회론에 기초하여, 개척 초기부터 선교에 진력했으며, 훈련과 교육으로 선교적 교회로 세워가는 일에도 헌신하셨다. 지속적으로 선교사를 파송하였고 선교 현장의 요청이 있을 때는 언제든지 현장으로 달려가셨다. 또 선교현장의 생생한 소식을 설교 시간에 성도들에게 나누어 성도들을 세계를 품는 그리스도인으로 세워가셨다. 그리고 본인 스스로 흩어지는 교회의 비전을 따라 조기 은퇴를 선포하시고 화평교회를 떠나 흩어진화평교회를 개척하시어 복음의 진보와 하나님 나라의 회복을 이루어가셨다. 내가 중국에서 강제 출국 조치를 받고 귀국하여 이주민을 품는 선교적 교회를 개척할 때, 목사 님은 이주민 선교에 비전이 있는 분들은 함께 나가서 동역할 것을 독 려해 주시고, 개척 멤버와 재정으로 적극 후원해 주셨다.

　지나온 선교 현장에서 회복과 변화의 소식을 들을 때마다 목사님과 함께 했던 순간들이 떠오른다. 복음에 합당한 삶이 선교라며 선교적 인생을 사셨던 목사님을 생각하며, 나도 남은 인생을 선교적 인생으 로 살아가리라 다짐해본다.

어떻게 목회해야 하나

천세봉 목사 | 능곡중앙교회, CAL-NET 경기북지역 대표

어떻게 목회해야 하나?

하나님의 부르심을 받아 목회자의 길을 걸어가면서 가장 크고 현실적인 고민거리가 있었다. '어떻게 목회해야 하는가?' '어떻게 주님이 기뻐하시는 건강한 교회를 세워가야 하는가?' 이 두 가지 고민은 화평교회 최상태 목사님, 지금은 건강한 교회를 위해 세우신 흩어진화평교회 최상태 목사님을 만나고 나서 해결되었다. '아하 이렇게 목회하면 되겠구나, 이렇게 교회를 섬기면 되겠구나'라는 답을 얻은 것이다. 사도 요한이 예수님에 대해 우리가 들은 바요 눈으로 본 바요 자세히 보고 손으로 만진 바라 증거했듯이(요일 1:1), 화평교회에서 5년 동안 부목사로 사역한 것은 귀로 듣고 눈으로 보고 손으로 만진 축복의 시

흩어지는 목회

간이었다. 이후 지금까지도 최 목사님은 변함없이 성경적 건강한 목회의 모델이요 한국 교회가 나아갈 방향의 나침반이 되는 삶을 묵묵히 걸어오고 계신다. 한 사람의 힘(The power of one)은 나비효과를 내어, 수많은 목회자들과 한국 교회, 나아가 싱가포르, 인도네시아, 세계 교회로 선한 영향력을 발휘하고 있다.

생명의 은인

수많은 에피소드가 있지만 우리 가족에게 평생 잊을 수 없는 일이 있다. 약 20여 년 전, 교역자 가정교회를 야외에서 하면서 나눔의 시간을 가질 때였다. 자녀들은 그들끼리 아래 뜰에서 놀고 있었다. 그때 한 아이의 목소리가 들려왔다. "하늘이가 물에 빠졌어요!" 그 소리를 듣자마자 최 목사님은 쏜살같이 맨발로 비탈길을 제일 먼저 내려가 연못에 빠진 내 큰딸 하늘이를 건져주셨다. 나는 신발 신느라 잠시 지체하는 동안 딸아이의 생명을 살려주셨다. 그때를 생각하면 앞이 캄캄하기도 하고, 참으로 감사한 마음을 금할 수 없다. 하여 딸이지만 하늘이의 성경적 이름은 모세이다. "하늘아, 넌 최상태 목사님이 물에서 건져주셨어. 최 목사님은 너의 생명의 은인이셔. 너 나중에 커서 결혼할 때 최 목사님께 주례를 부탁드리려무나." 20여 년 전 그 말이 이루어져, 작년 딸의 결혼식에 최 목사님이 주례로 축복해 주셨다. 감사, 감사, 또 감사드릴 뿐이다.

목회 철학

목사님을 지근거리에서 경험하면서 1, 2, 3의 목회 철학으로 정리할 수 있겠다.

1본(本). 가장 많이 들었던 단어 중에 하나가 '본질'이다. 최 목사님은 목회의 본질, 교회의 본질이 무엇인가 끊임없이 질문을 던지며 이 시대에 맞는 답을 찾으려고 힘쓰는 목회자이시다. 눈에 보이는 현상만을 따르지 않고, 시대가 변해도 바뀌지 않는 본질을 추구하는 모습은 항상 후배 목회자에게 큰 감동을 주고 있다.

2주(柱). 목회 철학의 두 기둥이 있다. 제자훈련과 가정교회이다. 성도 각인을 그리스도의 신실한 제자로 세우는 제자훈련과, 훈련받은 성도를 통해 작지만 온전한 교회, 초대교회 같은 소그룹 가정교회를 세워가는 사명을 결코 놓지 않는다. 수년 전 CAL-NET 전국 대표로 섬기셨고, 현재에도 이사, 경기지역 대표로 섬기시며, 한국 교회와 목회자들에게 이정표가 되고 있다. 해마다 가정교회세미나를 통해 초대교회가 행했던 가정교회의 원형을 이 시대와 문화에 맞게 적용해나가는 데 힘을 쏟고 있다.

3적(的). 최 목사님에게서 볼 수 있는 세 가지 목표와 표준이 있다. 성경적, 목회적, 개혁적이 그것이다. 이유와 목적을 성경에서 찾고 실천적 목회에 적용 가능한 것으로 연구하며, 이전보다 더 개혁적인 것으로 발전시키는 데 진력하고 있다.

1, 2, 3의 목회 철학은 많은 동역자와 교회들에게 귀감이 되며, 오늘

도 중단 없이, 주님 다시 오시는 그날까지 계속될 것이다.

리더십의 대가 존 맥스웰(John C. Maxwell)은《존 맥스웰 리더십 불변의 법칙》에서 첫 번째 법칙으로 "리더는 자신이 먼저 올라가야 한다"라고 말한다. 최 목사님이 자신이 가르치는 것을 먼저 실천하고 인격적이고 행동하는 목회자로서, '리더는 리더를 만든다'라는 명제에 맞게 지속적으로 목회자와 평신도 리더를 만들어 나가는 리더의 본이 되심에 깊은 존경과 감사를 표한다. 목사님의 새로운 도전 PTC 사역을 마음을 담아 뜨겁게 응원한다.

관계 목회를 배우다

박충기 목사 | 싱가폴 나눔과섬김의교회

상가교회

내 나이 마흔 되던 해에 담임목사를 사임하고, 화평교회 부목사 청빙 광고를 보고 인터뷰하러 신원당마을을 찾았다. 을씨년스런 겨울만큼 이나 소박하다 못해 초라한 상가 3층에 자리 잡은 교회당을 보고 나는 이 교회에서 사역하지 않겠다고 마음으로 생각했다. 그렇게 시작된 최상태 목사님과 첫 만남. 작은 체구에 들릴 듯 말 듯 조용조용한 어투로 교회 비전에 관해 한 시간가량 말씀하셨다. 작은 상가교회를 섬기면서 평신도 사역과 소그룹에 대한 너무도 분명한 비전이 나의 마음을 움직였다. 그 비전에 공감하여 한 달 후에 사역을 시작하겠다고 약속하고 집으로 돌아왔다. 하지만 나는 다시 고민에 빠졌다. 허름

한 상가교회에서 부교역자 생활을 다시 시작해야 한다는 것 때문에 자존심이 상했다. 고민 끝에 주일예배에 몰래 참석했다.

예배 시간이 10시 10분과 12시였던 것으로 기억된다. 10시면 10시지 10분은 뭘까? 목회학 석사 과정을 통해서 21세기 교회는 11시에 시작하는 개념을 버리고 현대인의 생활 패턴에 맞는 시간을 찾아야 된다는 것을 배웠다. 하지만 그 당시에 이것을 실천하는 교회를 본 적이 없었다. 게다가 10시도 아닌 10시 10분! 정시에 시작하는 개념도 파괴한 것은 충격이었다. 나는 책에서 이론으로 접했지만 담임목회를 하면서 실천할 생각도 못했고, 그럴 필요도 전혀 느끼지 못했다. 그만큼 당시로는 획기적이고 과감한 예배 시간이었다.

그렇게 시작된 예배에는 1부와 2부 모두 빈자리가 없이 가득 찼다. 경배와 찬양 형식으로 주일예배를 드리며 회중들은 예배의 감격에 빠져 있었다. 서울 외곽에 허름한 상가교회에서 이런 예배가 드려지다니, 나는 충격이었다. 사실 이것은 나혼자만의 감탄이 아니었다. 당시 그 작은 교회에서 전국의 목회자를 섬긴다는 명목으로 '가정교회목회자세미나'를 개최했는데, 그 세미나에 참석한 목회자들이 수요예배를 참석하면서 어떻게 이런 은혜로운 찬양과 예배를 작은 교회에서 드릴 수 있는지 감탄했다. 서울 외곽의 작은 상가교회에서 사역한다는 것에 자존심이 상했지만 도리어 작은 교회가 이렇게 앞선 예배, 미래 목회를 선도하고 있다는 것에 자부심이 생겼다.

나뿐 아니라 내 아내도 이런 자부심을 갖게 되었다. 한번은 아내의 친구들이 담임목사 사모하다가 부교역자 사모로 전락한 아내를 위로 하러 왔다. 그때 내 아내는 훈련된 평신도들이 드리는 예배와 가정교 회 소그룹을 통한 헌신이 어떻게 작은 교회를 변화시킬 수 있는지 보 러 오라고 자랑하기도 했다.

관계

나는 담임목회를 실패했다고 생각했기 때문에 다시는 담임목회를 하 지 못할 것이라고 생각했다. 그런데 최상태 목사님을 곁에서 모시면 서 나의 가장 큰 약점을 깨닫게 되었다. 나는 그전에도 제자훈련 목회 와 소그룹 목회를 준비했었다. 하지만 이것을 이루는 데 가장 중요한 것이 '관계'라는 사실을 알지 못했다. 설교하는 목사로서 강단에서 사 자후를 발하는 멋진 모습만 생각했지, 성도들과 친밀하게 관계를 맺 을 생각을 하지 못했다. 제자훈련의 모토가 한 사람을 주님의 제자로 세우는 데 있음을 알면서도 전혀 사람을 세우지 못했던 것이다. 나의 목회적 약점을 개선하면서부터 목회에 대한 꿈을 새롭게 꾸게 되었 다. 그리고 지금 내가 싱가폴에서 목회하는 이 모든 것의 시발점이 되 었다.

최상태 목사님의 관계 목회를 통해서 실패의 자리에서 다시 일어날 수 있게 되었음을 고백하며, 목사님이 좋은 본보기가 되어 인도해 주 심에 다시 한번 감사드린다.

교육과 훈련 사역의 추억

정오성 목사 | 희망의교회

화평교회에서 동역하면서 좋았던 많은 추억들이 생각난다. 나는 2003
년부터 2007년까지 화평교회 부교역자로 사역했다. 화평교회 교역자
로 부임했을 당시에는 교회가 대명상가에 있었다. 2년 후, 교회당을
건축하여 화정지구로 이전했다. 이전하기 전에도 좋은 영적 분위기의
교회였지만, 교회당을 건축한 후에는 교회가 더 건강하게 성장했다.
소위 '화평의 부흥기'에 최상태 목사님을 도와 교회를 섬기면서 사역
의 보람을 느낄 수 있었던 것이 참 감사했다. 하나님은 최상태 목사님
한 분을 잘 준비시키신 후에, 좋은 성도들과 멋진 교회당을 주시는 것
을 지켜보았다. 나는 준비된 목회자가 얼마나 중요한지 깨달았다.

교육과 훈련

화평교회에서 사역하면서 가장 좋았던 점은 교육과 훈련을 마음껏 할 수 있었다는 점이다. 새가족반, 양육반, 제자훈련 등등. 4년 동안 교육과 훈련을 전담하면서 섬겼던 성도들이 무려 703명이나 된다. 그만큼 교회에 새가족들이 많이 들어와 자리한 때였다. 대학부, 청년부, 새가족부, 전도폭발 등도 섬겼지만, 가장 보람 있었던 사역은 역시 교육과 훈련이었다. 에베소서에 보면 목사는 교사이다. 나는 성경 교사로서 성도들을 가르치고, 믿음이 성장하는 성도들을 볼 수 있어서 큰 보람을 느꼈다. 그 후 교회를 개척하여 지금까지 사람 세우는 교육과 훈련 사역에 집중할 수 있었던 것도 그때의 좋은 추억이 한몫한다.

나는 본받고 싶다

최상태 목사님으로부터 처음 목회를 배운 지가 벌써 20년도 지났다. 최 목사님을 가까이에서 지켜보면서 목회자로서 가장 도전이 되는 부분은, 목회의 본질을 붙잡으면서도 사람에 대한 너그러움을 갖고 계시다는 점이다. 말씀으로 사람을 세우는 제자훈련 사역에 대한 고집과, 사람에 대한 관대함과 너그러움. 이 두 가지를 목사님은 균형 있게 갖고 계신다. 이 점을 나는 늘 본받고 싶다. 목회는 균형이기 때문이다.

그리고 끊임없이 성장하고, 발전하는 모습을 나는 본받고 싶다. 교회 개척과 이전, 교회당 건축과 성장에도 목사님은 그 자리에 머물

흩어지는 목회

지 않으셨다. 누리기보다는 선한 일을 위해 끊임없이 도전해 나가셨다. 흩어진 교회들을 세우도록 지원한 일, 한국 교회와 선교지의 교회들을 섬긴 일, 그리고 65세의 적지 않은 나이에도 흩어진교회를 개척하신 일 등은 끝없는 도전의 산물이었다. 하나님의 일을 향한 지치지 않는 열정이었다. "너의 성숙함을 모든 사람에게 나타내게 하라"(딤전 4:15)는 말씀을 닮은 목사님의 모습을 나는 본받고 싶다.

2007년 12월, 나는 희망의교회를 개척해 오늘에 이르렀다. 최상태 목사님을 만나지 않았다면 나는 지금보다 훨씬 더 부족한 목사였을 것 같다. 불신가정에서 목회자가 된 내게 하나님은 최 목사님 같은 분을 영적 스승으로 모실 수 있게 하셨다. 좋은 귀감이 되는 목사님을 가까이에서 지켜보며 배울 수 있게 하신 하나님께 감사드린다.

그런 목사님이 이제 은퇴를 앞두고 있다. 은퇴 후에도 여전히 성장하고 발전하실 목사님을 기대한다. 마지막까지 성도들과 후배 목회자들에게 좋은 본으로 남으실 것을 믿어 의심치 않는다.

목양실의 문턱

김정민 목사 | 화평교회

목사님과의 첫 만남은 2009년 6월 사랑의교회 안성수양관 로비에서였다. 나는 그때 신대원 제자훈련 동아리(VIP)에서 임원을 맡고 있었다. 몇 주 전에 화평교회 유년부 교역자 모집 공고를 듣고는 화평교회에 지원하고 싶은 마음을 주셨는데, 예상치도 않게 목사님과의 만남이 성사되었다. 마침 목사님께서 동아리 여름수련회 강사로 오신 것이다. 수련회 첫 날 나는 너무나 편한 복장으로 목사님을 만나 교육전도사 면접을 보게 되었다. 목사님을 처음 만나 뵈었는데, 너무나도 어리고 보잘 것 없는 전도사를 편안하게 배려해 주시면서, 목회의 대가로서 한 사람 목회 철학에 대한 엑기스와 같은 말씀을 나눠주셨다. 목사님은 유년부 전도사 자리가 비어 있기에 당장이라도 부임하면 좋

흩어지는 목회

겠다고 하셨는데, 나는 그 당시 서울의 모 교회 중고등부 사역을 한창 하고 있었다. 그래서 목사님께 정중하게 여름 사역 마치고 받아주신 다면, 3개월 뒤 가을부터 열심히 사역하겠다고 말씀드렸는데 흔쾌히 허락해 주셨다. 그때부터 나는 목사님께서 배려와 친절이 자연스럽게 몸에 밴 분임을 알게 되었다.

행복한 7년

그 뒤로부터 약 7년간 화평교회 부교역자로서 정말 행복하게 사역했다. 제자훈련으로 기초가 튼튼히 닦인 공동체에서 사역한다는 것 자체가 너무 감사했다. 한 사람 목회 철학으로 성도들의 연약함을 끝까지 품어주고, 말씀으로 권면하고 지도하시는 목사님의 모습을 보면서, 건강한 교회가 무엇인지와 바른 목회의 본질이 어디에 있는지를 많이 배웠다.

　밤낮을 가리지 않고 성도들을 심방하고 제자훈련 하시면서, 한 성도의 변화된 모습으로 인해 목사님께서 기뻐하시는 모습을 많이 보았다. 가족들만 교회에 모셔놓고 본인은 교회 주차장에서 예배가 끝나기를 기다리기를 수년간 하다가, 목사님의 관심과 사랑으로 회심하고 제자훈련을 받고 변화되어 집사가 되고, 장로가 되고 충실한 일꾼이 된 분들이 교회 안에 많이 계셨다. 이 모든 간증들이 목사님께서 잃은 양 한 마리를 찾아다니며 이끄는 목자의 열심으로 사역 현장에서 진정성 있게 보여주셨기에 맺힌 귀한 열매라 여겨진다.

외친 말씀대로 목회 현장과 삶의 자리에서 실천하고자 하시는 목사님의 몸부림과 노력은 목회 초보였던 부교역자에게 큰 귀감이 되었다. 이러한 목사님의 신실한 자세는 화평교회 2대 담임목사로서 쓰임 받고 있는 내가 끝까지 붙잡아야 할 표본이 되고 있다.

목양실

목사님은 교역자들에게 늘 "목회는 관계다"라고 말씀하셨다. 이 말씀이 단순한 모토가 아니라는 것은 목양실만 봐도 안다. 담임목사 사무실로 쓰고 있는 화평교회 목양실은 식당과 홀 옆에 있다. 평소에는 조용하지만, 주일 점심 이후에는 어린아이부터 교회학교 학생들, 청장년들, 남녀노소 할 것 없이 누구나 목양실을 방문한다.

목양실은 목사님을 만나고 싶으면 어느 누구나 들어 올 수 있는 일종의 사랑방이다. 목사님이 어린이들에게 나눠줄 과자나 초콜렛 등을 항시 비치해두신 이유가 여기 있다. 교회 내에 목양실을 마련할 수 있는 공간은 많지만 식당(홀) 옆에 목양실을 두신 이유는 순전히 성도들과의 관계 때문이다. 목사님의 큰 강점 중 하나는 성도들과 친밀한 관계를 유지하는 일에 탁월하시다는 것이다. 늘 성도들 가까이서 목양에 힘쓰시는 모습을 보았던 나는 목양실을 다른 곳으로 옮기지 않았다. 나 또한 목사님의 관계 중심의 목회 철학을 이어받기 위함이다.

흩어지는 목회

악수 아닌 신의 한수

목사님은 모든 것을 포기하셨다. 교회의 갱신과 변화를 위해 32년간 온 생을 바쳐 세우신 화평교회를 하나님께 맡기고 떠나셨다. 이미 보장된 원로목사직도 내려놓으시고 개척의 길을 택하셨다. 우리 예수님이 하늘 보좌를 버리시고 이 땅에 연약한 인간의 몸으로 오셔서 십자가의 길을 걸으신 모습이 떠오른다. 말로는 "자기부인 해야 한다. 자기 십자가를 져야 한다" 많이들 외치지만, 삶에서 '전적 의탁, 전적 포기'를 실천하기는 정말 쉽지 않다.

목사님은 인간적인 눈으로 보기에 '악수'를 두신 것처럼 보이지만, 하나님 앞에서 '신의 한수'를 선택하신 것이다. 그 결과가 5년이 지난 지금 계속 나타나고 있지 않는가! 한국 교회 안에서 아무도 택하지 않는 이 길을 택하신 것만으로도 많은 이들에게 도전을 주셨고, 화평교회나 흩어진화평교회가 계속해서 갱신되고 부흥하고 있음이 수많은 열매 중 하나라 할 수 있다.

지금도 나는 영적 아버지이신 최상태 목사님이 곁에 계셔서 큰바위 얼굴이 되어 주심에 하나님께 늘 감사하고 있다. 목사님의 길을 나도 따라갈 수 있을까 늘 두렵지만, 목사님께 언제든 달려갈 수 있음이 큰 격려와 힘이 된다.

내가 나가려고 해

류성룡 목사 | 흩어진화평교회

"내가 나가려고 해."

담임목사님의 이 말씀을 듣고 목양실에 모인 화평교회 부교역자들 모두가 잠시 동안 '일시정지' 상태가 되었다. 나도 그 말씀을 듣고 머릿속에 "진짜?"라는 말만 떠오를 뿐 어떤 말, 어떤 반응을 보여야 할지 몰랐다. 담임목사님 본인께서 분립개척을 해서 나가신다는 것이 그동안 본 적도 들은 적도 없는 일대 사건(?!)일뿐더러, "축하드립니다. 화이팅입니다"라고 할 수도 없고(부교역자라면 그랬겠지만), 베드로가 예수님에게 그랬던 것처럼 "그런 일은 절대 일어나서는 안 됩니다"라고 하면서 목사님을 막아 설 수도 없는 일이지 않은가?

최상태 목사님은 화평교회가 건강한 교회이지만 이후에 화평교회와 성도들이 화석과 같이 굳어지지 않고 더욱 건강해지기 위해서, 그리고 또 하나의 교회가 아닌 정말 주님이 원하시는 그런 교회를 마지막으로 개척해서 세우고 싶다고 말씀하셨다.

목사님의 말씀에 슬며시 고개가 끄덕여지면서 왠지 모를 뜨거움이 가슴 깊은 곳에서 올라왔다. 아마도 그 뜨거움은 큰 결단과 순종의 길로 걸어가시는 목사님에 대한 존경심과 목사님에게서 느껴지는 건강한 교회에 대한 목마름 때문이었던 것 같다.

"내가 원하는 부목사는 나중에 개척을 한다고 할 때, 섬겼던 광역의 성도들이 모두 따라가고자 하는 그런 분입니다."

최상태 목사님께서 첫 만남에서 나에게 하신 말씀이다. 그때 나는 화평교회 부교역자로 지원해서 면접을 하고 있었다. 담임목사님은 직접 포트에 물을 끓여 뜨겁다고 두 겹으로 겹친 종이컵에 둥굴레차를 내어주시고는, 건강한 한국 교회와 신실한 목회자에 대해서 말씀해주셨다. 여기 화평교회가 아니더라도 어디서든 신실하게 사역하라고 격려해주시는 느낌을 받았다.

지금 생각해보면 최 목사님은 부교역자를 선정하는 그 순간에도 건강한 교회에 대한 고민을 하고 계셨던 것 같다. 목사님을 만나기 전에 목사님의 저서인 《제자훈련 이후의 제자훈련》을 일독하면서 "정말 이런 목사님 밑에서 사역하고 싶다"라는 생각을 했었는데, 목사님을 직접 만나고나니 그 마음이 더욱 커졌고, 감사하게도 불러주셔서 지금까지 함께 사역하고 있다. 지금도 가끔씩 아내와 담임목사님과 담임사모님을 만나 목사님 밑에서 사역하게 된 게 얼마나 큰 복이고 감사한 일인지를 이야기하곤 한다. 나의 사역이 7년 반 전에 목사님을 만나기 전과 후가 완전히 달라졌기 때문이다.

성도와 교회를 정말 사랑하시는 분,
그리고 한국 교회의 건강을 위해 끊임없이 고민하시는 분

"안쪽까지 잘 찾아봤어?"

'담임목사 분립개척 동참 신청서함'에서 신청서를 챙겨서 가져다 드렸을 때에 하신 말씀이다. 그때 그 말씀이 나에게는 "나도 개척은 외롭고 힘들다"로 들렸다.

담임목사님은 분립개척 동참 신청서를 딱 2주만 받으셨다. 주일부터 그 다음 주일까지이니 정확하게는 8일이다. 담임목사님께서 본인이 개척해서 나가시겠다고 선언은 하셨으나, 정작 개척 준비보다는 화평교회를 위해서 더욱 마음과 힘을 쓰셨다. 마치 부모가 자식을 남겨두고 떠나야 할 때 자식을 위해서 모든 정성과 사랑을 쥐어짜서 남김없이 주려는 듯.

우선 그 당시 화평교회는 오랜 기간 준비하고 기다려왔던 본당 3층과 교육관을 증축하고 있었다. 게다가 목사님은 떠나시기 전에 후임 목사를 세워 목회 공백이 없게 하려고 애쓰셨다. 두 가지 일 모두 많은 기도와 에너지가 필요한 일이었다.

흩어지는 목회

나중에야 목사님께서 하신 말씀인데, 그 큰 두 가지 일과 또 화평교회를 떠나기 전에 이런 저런 것을 신경쓰다보니 정작 개척을 위한 준비는 제대로 하지 못한 채 나오게 되었다고 하셨다.

언젠가 누군가가 나에게 담임목사님이 개척을 하셨으니 좀 여유 있지 않았겠냐, 그리고 최상태 목사님이니까 덜 막막하지 않았겠냐고 말했다. 그때 나는 이렇게 말했다. "담임목사님이셨으니까 더 막막하셨을 걸요. 게다가 32년 전 청년 세 명과 함께 개척해서 양적, 질적으로 건강하게 성장한 화평교회를 두고 떠난다는 게 얼마나 서운하고 어려운 일이셨을까요."

지난 가정교회목회자세미나에서 담임목사님이 세미나에 참석한 목회자들에게 이렇게 말씀하신 적이 있다. "교회 개척은 정말 어려운 일이지요? 그런데 담임목사가 나가서 개척을 하는 것은 절대로 해서는 안 될 일입니다. 너무 힘들어요."

본질이 아닌 것은 과감히 변화하시고,
본질을 지키기 위해서는 자신의 것도 내려놓는 분

"나는 다시 목회해도 지금처럼 할 것이다."

담임목사님의 이 말씀에는 지금껏 목회해오신 방향과 철학에 대한 확신이 담겨 있다. 그리고 그 목회 철학과 확신은 단순한 이론에서 비롯된 것이 아니라 화평교회 32년, 흩어진화평교회 4년 이상의 목회 현장이라는 가마에서 수많은 눈물과 땀을 통해 빚어진 도자기와 같다.

담임목사님께서 하나님 앞에서 바른 목회 철학을 세우고 그것이 실제가 되기 위해서 거쳐 온 과정을 감히 상상해본다.

처음 화평교회를 개척하셔서 추운 겨울에 아무도 오지 않는 새벽기도의 자리를 지킬 때. 양적인 성장이 아닌 한 영혼의 변화를 붙들고 오랫동안 씨름했던 교육과 훈련의 현장에서. 때때로 겪는 쓰디쓴 아픔들과 서운함들을 견뎌내며 잠 못 드는 밤을 지새울 때. 담임목사로서 견뎌야 하는 무게감과 책임감으로 인해 하나님 앞에 엎드릴 때. 평신도들이 변화되어 동역자로 든든히 세워져 가는 기쁨을 누릴 때. 나와 나의 가족보다 성도와 교회를 위해서 가진 것을 내어놓을 때. 신학교 강의, 많은 국내외 집회, 가정교회목회자세미나로 한국 교회와 목회자들을 섬기실 때 등등. 일일이 나열할 수 없는 수많은 현장에서 지켜온 목사님의 목회 철학은 나에게는 소중한 목회 이정표가 된다. 이런 건강한 목회 철학이 실현되는 현장에서 사역할 수 있는 것은 부교역자로서 누릴 수 있는 최고의 특권이라고 생각된다.

특히 담임목사님은 큰 교회를 하려는 목적이 아닌, 사람을 세우는 사역에 집중을 해오셨고, 주님이 원하시는 교회에 대해 끊임없이 고민과 도전을 해오셨고, 나는 그것을 옆에서 직접 봐왔기에 '나도 저렇게 목회하고 싶다'라는 생각이 내 머릿속에 자리잡게 되었다. 화평교회 부교역자였던 내가 '담임목사 분립개척 동참 신청서함'에 성도님들과 같이 신청서를 작성해서 넣었던 것도, 담임목사님의 목회 철학을 전적으로 동의하고 공감했기 때문이다. 그리고 '바른 목회 철학으로 세워지는 교회의 현장에 나도 있고 싶다'는 소원이 있었기 때문이다. 또한 담임목사님과 담임사모님에 대한 인격적인 신뢰와 존경심이 있었음은 물론이다.

화평교회 부교역자로서는 '어떻게 이렇게 건강한 교회를 세우셨을까?'라는 질문을 가지고 담임목사님의 사역을 지켜보았는데, 흩어진 화평교회 부교역자로서는 '어떻게 저렇게 변질되지 않고 계속 바른 목회를 할 수 있을까?'라는 질문을 가지고 바라보게 된다. 바른 목회 철학으로 사역하시는 최상태 목사님을 가까이할 수 있어서 정말 감사하고 행복하다. 목사님께서 가정교회목회자세미나와 신학교 강의 등을 통해서 한국 교회와 목회자들을 섬기시고 있지만 앞으로 더 많은 목회자들이 최상태 목사님으로부터 도전받고 위로받을 수 있으면 좋겠다.

바른 목회 철학과 비전으로 목회하시는 분
한국 교회와 목회자들에게 이정표가 되시는 분

"어찌하여 관망만 하느냐?"

최상태 목사님께서 코로나 시국에 흩어진화평교회 부교역자들을 모아놓고 나눠주신 말씀이다.

2020년 2월 9일에 설립예배를 드린 흩어진화평교회는 얼마 지나지 않아 코로나 팬데믹을 맞았다. 개척된 지 얼마 되지 않은 교회가 비대면 상황을 맞이한다는 것만큼 안타까운 일이 있을까? 그런데 담임목사님은 이런 어려운 때일수록 교회가 모범을 보여야 한다고 하시며, 정부의 방역수칙을 철저히 지키셨다. 그러면서도 사역에 있어서는 위축되지 않고 거침없이 앞으로 나아가셨다. 위의 말씀(창 42:1)은 코로나 시국일지라도 사역자가 관망만 하고 있지 말고, 교회를 세우고 성도를 섬기는 일에 힘쓰자는 도전을 하시면서 주신 말씀이다.

먼저 담임목사님은 모든 사역을 멈추지 않고 누구보다 빠르게 온라인 사역으로 전환하셨다. 주일예배를 비롯한 모든 공예배는 물론이고, 가정교회지도자모임, 제자훈련 그 외의 모든 가정교회도 온라인으로 전환하여 진행했다. 목사님께서 20년 이상 섬겨 오신 가정교회 목회자세미나도 현장과 온라인 하이브리드로 진행하였고 그 결과 코로나 상황으로 힘들어 하던 많은 교역자들에게 큰 위로와 도전을 주셨다.

또 흩어진화평교회 전교인에게 직접 손편지를 쓰시기도 하셨다. 새벽기도 이후, 늦은 밤 할 것 없이 목양실 책상에서 꼬박 며칠을 편지를 쓰셨다. 그때가 부활절을 앞둔 때였는데, 온라인으로 각 가정에서 성찬식을 할 수 있도록 성찬키트를 준비해서 목사님의 편지와 함께 전달했다. 흩어진화평교회 성도들은 코로나로 외롭고 힘들었던 그때에 목사님의 손편지가 무엇보다 큰 위로가 되었다고 입을 모아 추억한다. 그리고 심방을 가보면 많은 집에서 그 편지가 거실 한 곳에 자

흩어지는 목회

리 잡고 있는 것을 볼 수 있다.

그 외에도 개인성경읽기, 온라인 성경퀴즈대회, 온라인 전도축제 등도 진행하였고, 장로, 권사, 안수집사도 임직하였다. 또 놀라운 것은 코로나 상황 중에서도 디커피 카페를 오픈한 것이다. 개인적으로는 코로나 시국에 카페 오픈은 무리가 아닐까 싶었는데, 담임목사님이 교회개척 시기부터 계속 기도하시며 마음으로 준비하시던 일이 그 어려운 시기에 기적과 함께 이루어졌다. 디커피 카페는 비대면 시기에 성도들을 연결해주는 귀한 장소가 될 뿐더러 지역사회를 위해서도 큰 사랑을 베푸는 사역지가 되었다. 그 이후 오픈한 선교관, W홀, 어린이 테마놀이터는 교회와 이웃에 하나님 나라를 펼치는 장이 되었다.

담임목사님께서 코로나 팬데믹 중에도 관망만 하지 않고 도전하며 사역하신 결과, 4주년이 지난 지금 흩어진화평교회에는 개척 이후 220명 이상의 새가족이 등록하였다. 이는 처음 담임목사님 분립개척 동참신청서를 제출한 성도의 수를 훨씬 뛰어넘은 것이다.

"너희는 어찌하여 서로 바라보고만 있느냐"(창 42:1).

환경에 굴하지 않고 도전하시는 분,

시대에 맞게 또 앞서서 사역하시는 분

교회의 공동체성을 찾아서

채경석 목사 | 더불어숲화평교회

저는 대학생 때부터 교회의 공동체성에 대한 관심이 많았습니다. 현실 교회에서 공동체성이 어떻게 작용하고, 교회를 어떻게 교회답게 하는지 사역하는 교회들에서 찾고자 했지만 쉽지 않았습니다. 또한 한 사람의 신앙이 어떻게 변화되고 성장하는지 관심을 가지고 있었습니다. 제자훈련을 통한 목회 철학에 공감하며 헌신했지만, 제자훈련을 받은 성도들이 엘리트 의식을 갖거나 신앙의 개인주의자가 되는 경우를 보며 안타까웠습니다.

2011년 12월에 부임하여 3년간 화평교회를 섬기며, 공동체성을 추구하는 가정교회와 한 사람을 예수 제자로 세우는 제자훈련이 어떻게 공동체적이면서도 개인적으로 성숙한 신자를 세워가는지 눈으로 보고 손으로 만져볼 수 있는 복된 기회를 가졌습니다.

화평교회 사역은 목회에 대한 질문이 해소되고 목회 철학이 정리되고 분명해지는 시간이었습니다. 최상태 목사님은 '제자훈련'과 '가정교회'를 목회의 두 기둥이라고 하였습니다. 그리고 이것은 제 목회 철학의 기반이 되었고 이정표가 되었습니다.

저는 삼송에 '더불어숲화평교회'를 개척하여 10년간 지역사회를 섬기고 있습니다. 삼송지역을 마음에 품고 기도했지만 감당하기 어려운 임대료로 선뜻 첫발을 내딛지 못하고 망설일 때, 이른 아침 목양실로 부르시더니 계약금에 보태라며 후원금을 건네주셨습니다. 하나님이 목사님을 통해 격려하며 축복하는 희망의 아침이었습니다.

개척교회 목사로 사역하면서 성도와의 관계를 어떻게 맺어가야 할지 막막할 때, 종종 최상태 목사님의 모습을 떠올립니다. '교역자 가정교회'는 교역자 부부가 모여 부부 관계와 자녀 관계 등 삶을 꾸밈없이 나누고 보여주어야 하기에 득이 되기도 때로는 독이 되기도 합니다. 하지만 본인의 목회 철학을 몸소 실천하며 적용하는 소신과 이런 모임을 통해 목사님의 내려놓음의 모습을 보며 많은 도전을 받았습니다.

제 삶에 중요한 흔적을 남기신 최상태 목사님께 감사하며, 이러한 만남을 주신 하나님께 감사합니다.

VIP 목회자

송기욱 목사 | 더보듬교회

VIP는 'Very Important Person' 매우 중요한 사람이라는 말의 약자이다. 내가 본 최상태 목사님은 한국교회, 세계 선교에 헌신한 목회자로서 매우 중요한 사람이다. 최상태 목사님은 목회자로서 VIP 목회자다. 최상태 목사님과 화평교회에서 8년간 가장 가까이에서 가장 오랜 시간동안 담임목사와 부교역자 관계로 동역하면서 발견한 또 다른 의미로서의 VIP 최상태 목사님에 대해 이야기하고 싶다.

Vision(비전): 최상태 목사님은 비전의 목회자다

목사님의 비전은 따라갈 수 없다. 상상 그 이상이다. 쉬지 않는다. 멈추지 않는다. 하나님께서 주신 비전을 위해서는 굽히지 않고 타협하지 않는다. 하나님의 나라를 위한 그의 비전은 그 누구도 어떤 상황도 제어할 수 없을 것이다. 최상태 목사님과 동역하면서 한국 교회와 후배 목회자들을 걱정하시는 모습을 늘 볼 수 있었다. 이런 목사님의 비전은 '가정교회목회자세미나'라는 목회자 훈련으로 열매를 맺었다. 한국교회의 많은 목회자들에게 도전을 주었고, 목회의 본질을 되새김질하게 하였다. 한국 교회를 향한, 후배 목회자들을 향한 하나님의 마음, 하나님의 비전이 없었다면 이 일은 불가능했을 것이다.

Integrity(진실, 성실): 최상태 목사님은 성실한 목회자다

누가 그 성실을 따라갈 수 있으랴! 최상태 목사님의 어록 중에 '축구 외에 모든 운동은 배설물로 여긴다'라는 말이 있다. 목회자 축구팀에서 함께 축구를 했다. 목사님은 늘 최전방 공격수였다. 운동을 좋아하는 저 개인적인 평가로는 최상태 목사님은 축구에 소질이 없으시다. 아니 잘하시지 못한다. 하지만 주일 늦은 밤까지 제자훈련을 하고도, 월요일 이른 새벽에 한 번도 결석하지 않고 축구를 하러 오시는 성실함과 꾸준함으로, 최전방 공격수 자리는 다른 누구도 넘보지 못했다. 실수를 해서 주위의 비난을 사도, 공격 찬스를 살리지 못하는 실력에도 불구하고, 그 자리는 항상 목사님의 자리다.

그 모습은 목회의 현장에도 그대로 드러났다. 그리고 배웠다. 목회는 실력도 중요하지만, 목회의 열매는 실력을 뛰어넘는 성실함에서 나온다는 것을.

Passion(열정): 최상태 목사님은 열정의 목회자다

한 사람에 대한 목사님의 열정은 대단하다.《제자훈련 이후의 제자훈련》이라는 책을 집필하실 때 집필 과정을 옆에서 도왔다.《제자훈련 이후의 제자훈련》이라고 책 제목이 정해지기 전에 목사님께서 원하신 제목은《한 사람 이야기, 두 사람 이야기, 세 사람 이야기》였다. 최상태 목사님의 한 영혼, 한 사람에 대한 열정은 대단했다. 얼마나 사람에 대한 열정이 많았으면 목사님은 '아니, 이 사람이!'라는 말을 자주 쓰셨다. 기분 나쁘게 들릴 수도 있고 오해할 수도 있는 말이었다. 그런데 그 말이 전혀 기분 나쁘게 들리지 않았다. 마음이 상하지도 않았다. 한 사람을 향한 목사님의 열정, 진심을 알기 때문이다. 제자훈련에 대한 목사님의 열정, 가정교회 소그룹에 대한 목사님의 열정은 그 누구도 따라가지 못하리라.

VIP 목회자, 최상태 목사님과 동역할 수 있었음에 감사하다.

흩어지는 목회

본질을 붙잡고 씨름하는 목회자

김창수 장로 | 흩어진화평교회

2010년 화평교회에 등록하고 이후에 제자훈련을 받고 교사로 가정교회 가장으로 섬겼습니다. 2020년 목사님을 따라 흩어진화평교회를 분립개척 하는 일에 동참하며 두 가지 생각을 했습니다. 먼저 새로 시작하는 작은 공동체에서 서로 나누고 섬기며 지금까지 경험해보지 못한 저 자신의 변화와 성숙을 경험하고 싶다는 갈급함이 있었습니다. 또한 목사님의 삶의 발자취, 삶의 방향성에 대한 존경과 신뢰가 있었습니다. 그 길이 옳은 길이라면 나도 한번 따라가보고 싶다는 나름의 결단이 있었습니다.

2011년 1여 년의 제자훈련의 시간은 한마디로 '다가감'이었습니다. 나를 벗고 하나님께 다가가는 시간, 목사님께 다가가는 시간, 동기들에게 한 발 더 다가가는 시간이었습니다. 식구의식을 중시하는 목사님은 제자훈련생들을 데리고 고양시 일대 짜장면 맛집을 순례하셨습니다. 그런데 제자훈련생들이 산 것보다 목사님께서 사 주신 적이 더 많았던 기억이 납니다. '훈련생들이 더 자주 섬겼어야 했는데.' 시간이 지나고 나니 많이 죄송스럽습니다. 목사님께서 늘 강조하시며 삶으로 보여주신 '관계, 균형, 성숙'이 성도로 온전하기 위한 가치여야 함을 마음에 새기는 제자훈련의 시간이었습니다.

관계

"관계는 모든 것이고 다른 모든 것은 부수적이다"라는 말을 자주 인용하시곤 합니다. "나는 다른 사람들이 좋아하는 사람인지 스스로에게 자문해 보라"고 하십니다. 늘 어떤 상황에서나 자신을 낮추시고 남을 높이시는 목사님을 보며 왜 많은 사람들이 목사님을 존경하고 따르는지를 알 수 있습니다. 목사님은 '가정교회목회자세미나'로 한국교회와 목회자, 그리고 선교사님들을 20년 이상 섬겨 오고 계십니다. 3박 4일 빡빡한 일정의 세미나에서 열 강의 이상을 홀로 담당하시면서도, 늘 그 공은 사례, 특강, 참관에 참여한 다른 이들에게 돌리시는 겸손의 모습이 눈에 선합니다.

균형

목회자, 선교사님들이 흩어진화평교회를 방문하고 놀라는 첫 번째 지점이 있습니다. 이렇게 작은 규모의 교회가 어떻게 '가정교회목회자 세미나'와 같은 큰일을 감당할 수 있냐는 것입니다. 어찌 보면 '한국 교회와 목회자를 섬기는 교회'라는 거대한 비전을 개척교회가 세웠다는 것이 어불성설입니다. 이것이 가능한 것은 목사님의 리더십 덕분입니다. 하지만 목사님은 정작 본인을 위해서는 작은 것 하나도 아까워하십니다. 화평교회 은퇴를 앞두고 원로목사의 여러 혜택들을 포기하고 상가교회를 개척하시는 모습을 옆에서 지켜보며 말씀을 삶으로 살아내는 이의 원대한 영향력을 목격합니다.

성숙

2023년 9월 필리핀 바기오에 있는 킹스칼리지를 방문하여 현지 산지족 목회자들을 대상으로 1박 2일 세미나를 진행했습니다. 산지족 목회자 70명, 신학생 30명이 참석하였는데, 산악 지역이고 우기여서 빗속을 뚫고 10시간 이상 걸려 도착한 분들이 많았습니다. 하지만 육신의 곤고함도 잊은 채 목사님의 한 마디 한 마디에 집중하고 반응하는 이들을 보며, 목사님 하시는 일의 중요성을 다시금 깨달았습니다. 세미나를 마치고 수료증을 전달하고 100여 명과 일일이 악수하고 격려하는 시간을 가졌습니다. 세미나 장소를 나와 세면대에서 손을 씻으려는데, 목사님은 우리가 손 씻는 모습을 저분들이 보면 안 좋다 하시며 그냥 숙소로 향하시는 뒷모습에서 한 영혼 한 영혼에 대한 사랑을 느낍니다.

작은 교회로 오니 목사님을 더 가까운 거리에서 자주 뵙게 됩니다. 화평교회에서 가졌던 목사님에 대한 이미지는 '목회의 본질을 붙잡고 씨름하는 작은 거인'이었습니다. 그런데 이곳 흩어진화평교회에서 지근거리에서 목사님을 뵈니 눈물을 훔치시는 모습까지 보게 됩니다. 한 치 앞이 보이지 않는 상황에서 교회의 나아갈 방향을 제시하며 결단해야 하는 '한 비저너리의 고독함과 외로움'을 봅니다. 어렵고 힘든 상황에서도 결단하고 도전하는 그리고 결실을 만들어내는 모습을 뵈면, 교회가 아니라 기업을 일구셨어도 크게 성공하셨을 것 같다는 불경스런 생각을 해봅니다.

목사님, 존경하고 사랑합니다.

그는 작은 거인이었다

최광식 선교사 | 인도네시아, GMS

불청객으로 만나다

사람의 일생에 있어서 만남이 중요하다고 배우고 가르치는 사람으로서 최상태 목사님을 알게 된 것은 내게 큰 행복이고 기쁨이다. 나는 아직도 기억하고 있다. 2010년 2월 중순의 어느 날을.

지인을 통해 최상태 목사님을 소개받은 후 주소 하나 가지고 무턱대고 교회를 찾아갔다. 교회에 도착하여 두리번거리며 사무실을 찾고 있을 때, 1층에 어떤 분이 계시길래 "교회 사무실이 어딘가요?" 물었다. 그랬더니 무슨 일로 그러시냐고 하길래, "담임목사님을 뵙고 싶어서 찾아왔다"고 했다. 어떤 일이냐고 묻길래 '이 분이 별 걸 다 묻네, 그냥 가르쳐주면 될 텐데'라고 생각하면서 "네, 의논드릴 일이 있어서

요"라고 말했다. 그랬더니 "따라오세요" 하길래 그분을 따라서 2층으로 올라가게 되었다. 나를 사무실로 안내해주려나보다 생각하고 '굳이 그러지 않으셔도 되는데, 알려만 주시면 되는데'라고 속으로 생각하고 따라갔다. 2층의 식당 뒷편의 문을 열고 들어가면서 "앉으세요" 하길래 '앗! 이분이 담임목사님이로구나' 하는 생각이 퍼뜩 들게 되었다.

앉아서 소개를 드리고 자초지종을 말씀드리니 처음엔 별로 탐탁하지 않은 표정이었다. 어디서 듣도 보도 못한 까무잡잡한 사람이 와서 인도네시아 목회자를 위한 세미나를 해달라고 하니 별로 내키지 않아하는 표정이었다. 그 당시에 나는 나를 소개할 만한 명함같은 것도 없었다(지금도 없지만). 그냥 구두로만 인도네시아 한인 선교사 협의회 회장이라고 소개할 수밖에 없었다.

마침 점심시간이 되어 근처 식당으로 가서 식사를 하게 되었는데, 목사님의 시큰둥한 표정은 변하지 않았고 TV를 자주 쳐다보셨다. 그래서 알게 되었다. 바로 그날이 김연아 선수가 밴쿠버 동계올림픽에서 여자 피겨스케이팅 금메달을 딴 날이었다. 이것이 목사님과의 첫 만남이었다. 청하지 않은 손님으로 찾아뵙게 되었다.

통역이 은혜 받다

어찌됐든 그것이 첫 만남이었고 목사님은 그 후에 목회자세미나를 위해서 여러 번 인도네시아를 방문하셨다. 그때마다 나는 행사를 준비하며 목사님을 옆에서 지켜보았고, 강의안을 번역하고 강의를 통역하

흩어지는 목회

게 되었다. 목사님의 강의를 통역을 하면 중간에 통역을 멈출 수밖에 없는 일이 종종 있다. '본질에 충실한 목회', '다시 태어나도 이 길, 이 목회를 하고 싶다', '사람 세우는 일에 목숨을 건다' 등의 문장들이 그냥 보면 특별할 것 없지만, 목사님의 입을 통해 나오는 말씀을 옆에서 듣다보면 그 마음이 너무나 강하게 느껴지기 때문이다. 통역을 하면 보통, 원 한국말이 얼마나 뒤죽박죽인지, 문법에도 맞지 않고, 주어, 동사, 목적어가 순서 없이 날아들어서 통역을 하다가 은혜를 받기는 커녕 짜증이 날 때가 많다.

그렇기에 설교자의 설교를 옆에서 들으면서 통역할 때 통역자가 은혜 받기는 쉽지 않다. 머릿속에서 인니어로 문장을 즉각 구성하고, 인니 상황에 맞게 변형시켜 말해야 하기 때문이다. 그런데 목사님의 강의를 옆에서 듣고 통역을 하노라면 통역자가 은혜를 받고 말문이 막혀 울먹일 때가 많았다. 이것이 바로 목사님의 영성이 아닌가 한다. 남 흉내내서, 좋은 책 읽고 전달하는 것이 아니라, 본인이 그렇게 확신하며 그렇게 살아왔고 살기에 나오는 메시지였다. 그러기에 듣는 모든 이의 마음을 움직일 수 있었다. 그렇다. 그것은 청중들만을 위한 메시지가 아니라 나에게 하는 메시지였다. 내가 하고 싶었던 메시지요, 내가 그렇게 살아야 하는 메시지였다. 때론 강단에 올라가면서 이번에는 울지 말아야지 하고 생각하지만 그 대목에 가면 또 다시 울먹이게 된다.

그는 작은 거인이었다

지금까지 15년 동안 목사님을 멀리서 또 가까이서 뵙고 대화하며 사역하면서 배우고 느낀 것을 일일이 거론한다면 한두 페이지로는 충분치 않다. 목사님은 작은 것 하나에도 늘 세심하게 배려하시고, 가장 좋은 것을 주려고 애쓰시며 노력하신다. 그러면서도 소외되는 자가 없도록 관심 받지 못하는 자에게도 늘 다가가시며 소식을 묻고 어깨를 쓰다듬어 주신다. 성도들을 배려하시면서 스스로가 지나치게 살지 않도록 자동차, 의복, 주택까지도 성도들의 평균적인 수준에 맞추어 사신다.

얼마 전 한국에 머무를 때의 일이다. 나는 탁구를 잘 치지 못할 뿐만 아니라 탁구에 대한 기본 상식도 없는 편이다. 그런데 목사님께서 사모님과 또 몇 분의 교역자와 함께 탁구를 치신다며 수원에서 올라와서 탁구를 치자고 하셨다. 그래서 탁구 모임에 동참하게 되었다. 탁구 라켓도 준비해서 열심히 배우고 치려고 노력했다. 그런데 어느 날, 목사님이 운동화를 가져와 신어보라고 하셔서 신어봤더니 발에 잘 맞고 발이 편했다. 역시 나이키! 그동안 내가 그냥 구두를 신고 가서 탁구를 쳤다는 걸 그날 알게 되었다. 내가 구두를 신고 치니까 바닥에 검은 자국이 여기저기 났던 것이다. 그것을 보시고 내게 "운동화를 신으라" 하는 식으로 얘기하지 않으시고, 직접 운동화를 갖다 주시면서 깨닫게 하시는 것이다. 나중에 알고 보니 그것도 본인의 것이 아닌 아드님 것을 말도 안하고 그냥 가져왔다는 것이다.

이것은 단편적이지만 목사님의 마음을 잘 드러낸 사건이 아닌가 한다. 그렇다! 체구는 작지만 그분은 거인이다. 목회하면서 양들을 사랑하는 마음이 목회자들을 대하는 마음에도 담겨져 있다. 행여나 상처받을까봐 말 한마디도 함부로 하지 않으시고, 성도의 고난을 본인 것으로 여기신다. 어느 목사가 은퇴를 앞두고 편하고 안정된 자리를 제자 목사에게 물려주고 본인은 작은 상가의 개척 목사로 다시 사역할 생각을 하겠는가! 이는 생각의 역발상이고 이것이 바로 주님의 마음이다.

그래서 나는 목사님께 '작은 거인'이라는 별명을 지어주었다. 10억 중국인과 대륙을 통치했던 단신의 등소평처럼 말이다. 등소평의 키가 157센티미터였다. 그러나 키가 문제랴. 그의 마음의 크기가 대륙만 했는데.

그처럼 목사님은 키는 작지만 마음은 바다 같고, 전체를 계획하면서도 작은 부분까지 세세히 살피시는 분이다. 교회의 외형과 규모와 숫자로 판단하는 이 슬픈 시대에서 삶과 마음으로 치자면 가장 큰 분이 아닐까 한다.

┃ 국제제자훈련원은 건강한 교회를 꿈꾸는 목회의 동반자로서 제자 삼는 사역을 중심으로
┃ 성경적 목회 모델을 제시함으로 세계 교회를 섬기는 전문 사역 기관입니다.

흩어지는 목회

초판 1쇄 인쇄 2024년 8월 12일
초판 1쇄 발행 2024년 8월 25일

지은이 최상태
삽 화 양선아, shutterstock

펴낸이 오정현
펴낸곳 국제제자훈련원
등록번호 제2013-000170호(2013년 9월 25일)
주소 서울시 서초구 효령로68길 98(서초동)
전화 02) 3489-4300 **팩스** 02) 3489-4329
이메일 dmipress@sarang.org

ISBN 978-89-5731-903-1 03230

※ 책값은 뒤표지에 있습니다. 잘못된 책은 구입하신 곳에서 교환해드립니다.